Wolfram Kautzky

DURCHSTARTEN
IN LATEIN

LATEIN
FÜR DAS 2. LERNJAHR

DURCHSTARTEN IN LATEIN, Latein für das 2. Lernjahr

Verfasser: Wolfram Kautzky

Verfasser der
Durchstartübungen: Do-Ri Amtmann und Kim da Silva

Diesem Lernhilfebuch ist ein Lösungsheft zu den Übungen beigelegt.

Bibliografische Information Der Deutschen Bibliothek

Die Deutsche Bibliothek verzeichnet diese Publikation in der Deutschen
Nationalbibliografie; detaillierte bibliografische Daten sind im Internet
über http://dnb.ddb.de abrufbar.

© VERITAS-VERLAG, Linz
Alle Rechte vorbehalten, insbesondere das Recht der Verbreitung
(auch durch Film, Fernsehen, Internet, fotomechanische Wiedergabe,
Bild-, Ton- und Datenträger jeder Art) oder der auszugsweise
Nachdruck.

6. Auflage (2007)

Gedruckt in Österreich auf umweltfreundlich hergestelltem Papier.

Lektorat: Klaus Kopinitsch
Herstellung, Layout: Kurt Lackner
Umschlaggestaltung: Bruno Haberzettl
Satz: Vogel Medien GmbH, Bisamberg
Druck, Bindung: LVDM Landesverlag-Denkmayr, Linz

ISBN 978-3-7058-5297-6

INHALTSVERZEICHNIS

Salvete, puellae puerique! 5
Decem consilia discendi (10 Lerntipps) 7

FORMENLEHRE **8–31**

Die Deponentia 8

Zu Besuch bei Maccius Donaldus 16

1. Durchstartübung: Powermudra 19

Die Konjunktive 20
    Konjunktiv Präsens 20
    Konjunktiv Imperfekt 25
    Konjunktiv Perfekt und Plusquamperfekt 27
Überblick über die Bildung der Konjunktive 29

2. Durchstartübung: Erdknöpfe und Raumknöpfe 32

SYNTAX (Satzlehre) . . . **33–107**

Zeitverhältnis 33
ACI 38
Ablativus absolutus 45

3. Durchstartübung: Gehirnknöpfe 53

Gerundium 54
Gerundivum 57

Zwei Brettln, a gführiger Schnee 67

4. Durchstartübung: Denkmütze 70

Konjunktiv im Hauptsatz 71
Konjunktiv im Gliedsatz 76
    Consecutio temporum 76
    ut-Sätze 80
    cum-Sätze 86

5. Durchstartübung: Zauberpunkt 91

    Konjunktivische Relativsätze 92
    Indirekte Fragesätze 94
    Kondizionalsätze 99
Indirekte Rede 104

Musik liegt in der Luft 107

6. Durchstartübung: Mudra für den gesunden Willen 108

SERVICETEIL · · 109–127

Grammatik-Checklisten 109
Kleine Wörter 115

7. Durchstartübung: Nilpferd 121

Häufig verwechselte Wörter 122
Lateinische Fachausdrücke 127

Antike „Promis" gesucht 128

8. Durchstartübung: Mudra zum Gehirn einschalten 129

PROBEKLASSEN(SCHUL)ARBEITEN · · 130–141

9. Durchstartübung: Beckenachten und Armkreisen 142

LATEIN – EINE „TOTE" SPRACHE? · · 143–146

Index vocabulorum (Vokabelverzeichnis) 149

Versetzung gefährdet – was nun? 159

Rechtlicher Rahmen und Aufgaben der Eltern in Deutschland

Nicht genügend! Was können Eltern dagegen tun? 161

Pädagogische Aspekte und rechtliche Situation in Österreich

Stichwortverzeichnis 168

Das ist **Constructivus**! Komischer Name, nicht? Aber wenn man sich's genau überlegt – wie sollte ein Spezialist für komplizierte lateinische Konstruktionen denn eigentlich sonst heißen? Constructivus wird in diesem Buch jedenfalls überall dort auftauchen, wo es um die Erklärung eines grammatikalischen Problems geht – und du wirst sehen: Er hat immer eine Menge Tipps und Tricks für dich auf Lager!

Fallweise wird dir aber auch jemand begegnen, der gewissermaßen die schlechtere Hälfte von Constructivus ist: **Destructivus**! Auch für ihn gilt: *nomen est omen!* Diesem faulen Kerl macht das Lateinlernen nämlich weit weniger Spaß, und deswegen wird es schon manchmal vorkommen, dass er einen dummen Kommentar oder eine freche Bemerkung von sich gibt. Aber du wirst sehen: Am Ende des Buches ist auch er schon fast ein Latein-Fan!

So, nach dieser kurzen Vorstellung deiner Begleiter auf den folgenden Seiten wollen wir gleich *medias in res* gehen! – Wie arbeitest du mit „Durchstarten in Latein"?

Jedes Kapitel beginnt mit einem **Erklärungsteil**, der es dir ermöglicht, alleine den Stoff zu erarbeiten, ohne jemanden um Rat fragen zu müssen.

„Nota bene" heißt „Aufgepasst!". Dieses Zeichen weist auf besonders wichtige Regeln hin.

Im Anschluss an die Erklärungen findest du häufig **Fragen**, die dir helfen sollen, den Stoff noch einmal durchzudenken, aus der Erklärung eine bestimmte Regel abzuleiten oder selbst eine Zusammenfassung zu formulieren.

In den **Übungen** kannst du den neu durchgenommenen Stoff üben und anwenden. Die meisten Übungen sind Lateinisch-Deutsch, einige – nach dem Motto *variatio delectat* – auch Deutsch-Lateinisch.

Eine **Lernpause** solltest du dir nach 30 bis 45 Minuten Lernen auf jeden Fall gönnen!

Am Schluss jedes Kapitels kannst du anhand eines **Tests** überprüfen, ob du den Stoff schon so gut beherrschst, dass du zum nächsten Kapitel übergehen kannst.

Besonders beachten solltest du den **„Serviceteil"** dieses Buches ab Seite 109. Dort findest du zusammenfassende Grammatik- und Vokabelübersichten sowie viele praxiserprobte Tipps, die dir in Zukunft das (Latein-)Leben leicht machen werden!

Natürlich gibt es auch **Probeschularbeiten** bzw. **Probeklassenarbeiten**, an denen du deine neu erworbenen Übersetzungskünste überprüfen kannst.

Am Ende des Buches (ab Seite 149) findest du noch einen **Index**, in dem sämtliche in diesem Buch vorkommenden Wörter aufgelistet sind. Dadurch kannst du problemlos mit „Durchstarten in Latein" arbeiten, auch wenn du in der Schule ein Lehrbuch verwendest, das nicht alle der hier vorkommenden Vokabeln enthält!

Das **Lösungsheft** verwendest du zum Vergleichen und Verbessern deiner Antworten und Übersetzungen. Gib auf jeden Fall vor dir selbst zu, was du nicht weißt! Schnell bei den Lösungen nachzuschauen und dann so zu tun, als wäre dir die Antwort gerade eingefallen, bringt nichts. Sich selbst zu beschwindeln, ist absolut unsinnig.

Zuletzt verrate ich dir noch eine andere Möglichkeit, wie du deinen Lernerfolg steigern kannst. Das Ganze beruht auf folgender Erkenntnis: Steigere die Energie deines Körpers, und du steigerst deine Leistungsfähigkeit und damit auch deine Lernleistung. Erlaubtes Doping sozusagen!

Das Tolle daran: Du schaffst das mit einfachen Bewegungsübungen. Ich nenne sie **„Duchstartübungen"**. Sie bringen dich so richtig auf Touren. Sie ermöglichen dir, dass du in kurzer Zeit wesentlich mehr begreifst und dein Wissen bei einer Prüfung auch zur Verfügung hast. (Übrigens solltest du dir vor und nach den Übungen ein Glas Wasser genehmigen!)

Womit ich am Ende (wenigstens der Einleitung) wäre. Bleibt nur zu hoffen, dass du dich nach Abschluss der Lektüre dieses Buches meinem Motto anschließen wirst, das da lautet:

Das wünscht dir (und sich) der Verfasser dieses Buches

DECEM CONSILIA DISCENDI (10 Lerntipps)

Diese zehn Punkte solltest du beim Lernen beachten:

1. Zeitplan. Trage in einen Kalender alle **Prüfungstermine** ein. Markiere die Tage, die du zum Lernen vor einer Prüfung brauchst. Das schafft Überblick.

2. Stoffübersicht. Erstelle eine **Liste der** einzelnen **Prüfungsgebiete**, lasse daneben Platz zum Abhaken. Das spornt dich an und gibt dir Übersicht.

3. Entspannen. Beginne nicht sofort nach der Schule mit den Aufgaben. Eine einstündige **Entspannungspause** fördert deine Konzentration.

4. Arbeitsplatz. Richte dir einen eigenen Arbeitsplatz ein. Auf diesem **ordne übersichtlich** deine Unterlagen.

5. Aufwärmen. Verwende dazu unsere Durchstartübungen. **Lerngymnastik** steigert deinen Lernerfolg. Außerdem bist du damit deinen Mitschülern um die berühmte Nasenlänge voraus.

6. Strukturieren. Was du gliederst, kannst du besser behalten. **Markiere** Wesentliches **bunt**, mache dir am Rand Notizen.

7. Pausen. Nach 30 bis 45 Minuten Lernen lässt deine Konzentration nach. Lege daher eine etwa **10 Minuten** lange Pause ein. In der Pause mache eine Durchstartübung. Nach der Pause schreibst du eine nicht besonders anstrengende Hausaufgabe. Dann erst lernst du weiter. Auch **dein Gehirn liebt** die **Abwechslung**.

8. Motivieren. Jeden Tag nach dem Lernen sollte es etwas geben, worauf du dich **freuen** kannst (spielen, ins Kino gehen, Asterix lesen . . .).

9. Wiederholen. Beim Wiederholen festigst du den Stoff. Ein heißer Tipp: **Abendwiederholung**. Das Gehirn lernt weiter, während du schon schläfst. Das funktioniert aber nur, wenn du nach der Abendwiederholung dein Gehirn mit nichts anderem mehr belästigst.

10. Prüfung. Wenn du ängstlich bist, „spiele" zu Hause **Prüfung**. Das macht selbstbewusster, und du gehst gestärkt zur echten Prüfung.

FORMENLEHRE

DIE DEPONENTIA

Unter *Verba deponentia (Sg. Verbum deponens)* versteht man Verben, die in allen Zeiten nur **passive Formen**, aber **aktive Bedeutung** haben.

Ein *Verbum deponens* (*deponere* = „ablegen") ist also ein Verbum, das die _____ Formen und die _____ Bedeutung „abgelegt" hat.

EXEMPLUM: conor, conaris, conari, conatus sum = „versuchen"

INDIKATIV PRÄSENS		
Sg.	con*or*	ich versuche
	con*aris*	du versuchst
	con*atur*	er / sie versucht
Pl.	con*amur*	wir versuchen
	con*amini*	ihr versucht
	con*antur*	sie versuchen

↓ ↓
FORMEN PASSIV! **BEDEUTUNG AKTIV!**

 Deponentia kommen natürlich nicht nur im Präsens vor. Versuche die folgenden Formen zu bestimmen und in der richtigen Zeit zu übersetzen!

LATEINISCH	ZEIT / PERSON	DEUTSCH
conabamur		
conabitur		
conati sunt		
conata erat		
conatus ero		
conari		
conatum esse		

Eigens merken musst du dir bei den Deponentia nur die Formen für den **Imperativ**:

Sg. *conare!* = versuche!   Pl. *conamini!* = versucht!

Der Imperativ Sg. der Deponentia sieht aus wie der aktive _____ Präsens.
Der Imperativ Pl. der Deponentia ist formengleich mit der __ Person Plural.

Deponentia gibt es bei allen Konjugationen. Ob ein Wort ein Deponens ist oder nicht, musst du dir beim Vokabellernen merken!

a-Konjugation:	conor 1	conari	conatus sum	versuchen
e-Konjugation:	tueor 2	tueri	tuitus sum	schützen
konsonantische K.:	sequor 3	sequi	secutus sum	folgen
Mischkonjugation:	morior M	mori	mortuus sum	sterben
i-Konjugation:	experior 4	experiri	expertus sum	versuchen

2 Bilde nach dem Muster der ersten Zeile zu den Formen von *amare* die entsprechenden Formen von *sequi* und *tueri* und übersetze sie:

amant	3. P. Pl. Präsens	sequuntur	tuentur
amabis			
amabam			
amavisse			
amavisti			
amaveratis			
amate			
amamus			
ama			

Wie schmecken dir Deponentia?

Im folgenden „Verbalformen-Eintopf" befindet sich eine Mixtur aus „normalen" Verba und Deponentia. Uns schmecken hier allerdings die Letzteren besonders gut – fische daher alle Deponentia aus dem Topf und setze sie auf das Verzeichnis der Ingredienzien!
(PS: Bevor bei der Zubereitung etwas schief geht, solltest du sicherheitshalber das Rezept auf Seite 10 zur Hand nehmen!)

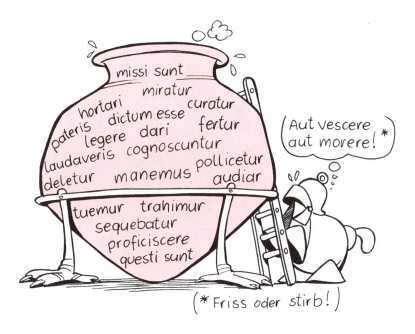

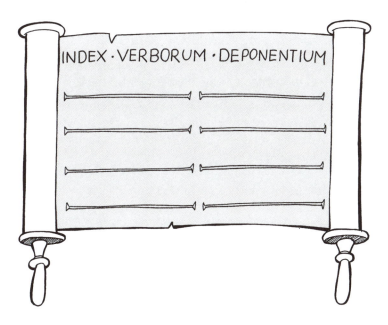

Bei einigen Deponentia steht das Objekt im **Ablativ**; bei ihnen darfst du nach dem Ablativ daher nicht wie sonst („womit?", „wodurch?" etc.) fragen!

utor 3	*uti*	*usus sum*	benützen
fruor 3	*frui*	*fruitus (fructus) sum*	genießen
fungor 3	*fungi*	*functus sum*	erfüllen
potior 4	*potiri*	*potitus sum*	sich bemächtigen
nitor 3	*niti*	*nisus (nixus) sum*	sich stützen
vescor 3	*vesci*	——	essen

4 Um beim Essen zu bleiben: Du wirst es zwar nicht glauben, aber auch ein Besuch bei McDonald's kann etwas mit Deponentia zu tun haben! Den Beweis liefern die folgenden Sätze:

1. *Cottidie post scholam apud Maccium Donaldum Hammaburgensibus, Caseiburgensibus, Magnis Macciis fruimur.*

2. *Ibi ii, qui cibos vendunt, munere suo quam celerrime fungi debent.*

3. *Nuper, dum soror mea locum secretum (locus secretus „Toilette") petit, eius Hammaburgense potitus sum. Qua de causa me, postquam revenit, colapho (colaphus, -i „Ohrfeige") affecit.*

4. *Qui Hammaburgensibus vescens inquinari (inquinare „beschmutzen") non vult, mappa (mappa, -ae „Serviette") uti debet.*

5. *Marcus, qui cottidie quinque Hammaburgensibus vesci solebat, quodam die intellexit se crassiorem (crassus 3 „dick") esse. Ergo diaetetice vivere („eine Diät machen") constituit: Nunc solum quattuor Hammaburgensibus cottidie vescitur.*

(Den Inhalt dieser fünf Sätze findest du übrigens auf Seite 17 illustriert – solltest du also beim Übersetzen mit deinem Latein am Ende sein, kannst du notfalls einen hilfreichen Blick dorthin riskieren!)

SEMIDEPONENTIA

Wenn du „*Semi*finale" hörst, weißt du sicher sofort, dass mit diesem Ausdruck das *Halb*finale gemeint ist. Nicht ganz so bekannt ist dir vielleicht die Tatsache, dass es auch so genannte „Semideponentia" gibt – das sind Verba, die zur Hälfte (nämlich meist im **Präsensstamm**) **aktiv**, zur Hälfte (meist im **Perfektstamm**) **passiv** sind. Von diesen „Zwittern" gibt es nur einige wenige – du solltest sie dir gut einprägen, da sie relativ häufig vorkommen:

PRÄSENSSTAMM AKTIV		PERFEKTSTAMM PASSIV	
audeo 2	*audére*	*ausus sum*	wagen
gaudeo 2	*gaudére*	*gavisus sum*	sich freuen
(con)fido 3	*(con)fídere*	*(con)fisus sum*	vertrauen
soleo 2	*solére*	*solitus sum*	gewohnt sein
PRÄSENSSTAMM PASSIV		PERFEKTSTAMM AKTIV	
revertor 3	*reverti*	*reverti*	zurückkehren

5 Übersetze die Graffiti, die Destructivus auf der Mauer hinterlassen hat:

6 Übersetze ins Lateinische:

1. wir haben uns gefreut
2. wir freuen uns
3. sie kehrt zurück
4. sie ist zurückgekehrt
5. ihr habt gewagt
6. ihr wagt
7. ihr hört (!)
8. du warst gewohnt
9. du warst gewohnt gewesen
10. ich vertraue
11. ich habe vertraut
12. sie hatten gewagt

7 Hast du einen Anrufbeantworter daheim und den von dir gesprochenen Ansagetext schon satt? Hier der ultimative Tipp: Probiere es einmal mit einem lateinischen Text! Du wirst sehen: Der Effekt wird unbeschreiblich sein! Natürlich sind auch in diesem Text einige Deponentia enthalten. Unterstreiche und bestimme sie!

> Salve! Hic loquitur Destructivus.
> "Doleo, quod hoc momento domi non sum. Tibi autem mea <u>automataria machina telephonica</u>* uti licet. Cum domum revertero, quam celerrime ad te telephonabo. Loquere nunc post Tüüüt!"

* automatischer Anrufbeantworter

Deponentia über Deponentia!

Der Abschlusstest zu diesem Kapitel gibt dir Auskunft, ob du deine Scheu vor den Deponentia schon „abgelegt" hast!

Übersetze die folgenden Formen (pro richtiger Übersetzung gibt's 1 Punkt):

1. gavisi erant = _____

2. revertitur = _____

3. usae sumus = _____

4. obliviscebamur = _____

5. passi sunt = _____

6. aggredere = _____

7. queri = _____

8. cunctantur = _____

9. mirabuntur = _____

10. experimini! – _____

11. tuemur = _____

12. solitus erat = _____

AUSWERTUNG
12–11 Punkte: *Optime!* – Du kannst das Kapitel „Deponentia" unter „erledigt" deponieren!
10–7 Punkte: Eine nochmalige kleine Auffrischung des Stoffes könnte nicht schaden!
weniger als 7 Punkte: *Sub cane* (= Unterm Hund)*! Revertere ad paginam 8!*

15

ZU BESUCH BEI MACCIUS DONALDUS

Rechts siehst du eine Szene in einem typischen römischen Fast Food-Restaurant. Ordne alle mit Ziffern versehenen Gegenstände den unten stehenden Begriffen zu! Die lateinischen Definitionen helfen dir dabei!

Zunächst brauchst du nur die im Bild vorkommenden lateinischen Ausdrücke zu identifizieren:

☆ **Drive In** (Nr. ___; lat.: _____): *Quoddam deversorii (deversorium, -i „Restaurant") genus, ubi iis, qui autoraedam relinquere non volunt, etiam e vehiculo mandata ad cibos attinentia edicere licet.*

☆ **Toilette** (Nr. ___; lat.: _____): *Hic locus post cenam a multis petitur.*

☆ **Hamburger** (Nr. ___; lat.: _____): *Quis est, qui eum nesciat?*

☆ **Chicken McNuggets** (Nr. ___; lat.: _____): *Parvae pullorum (pullus, -i „Huhn") partes, quae oleo coquuntur coloremque aureum habent.*

☆ **Heiße Apfeltasche** (Nr. ___; lat.: _____): *Quaedam mensa secunda malis (malum, -i „Apfel") calidis completa.*

Nun wird's eine Spur schwieriger: Welcher Nummer auf dem Bild entsprechen die folgenden lateinischen Begriffe?

☆ ***Magnus Maccius*** (Nr. ___; deutsch = _____): *duplex (vel triplex vel quadruplex . . .) Hammaburgensis*

☆ ***Maccius Pisciculus*** (Nr. ___; = _____): *Hammaburgensis pisce cocto completus*

☆ ***terrestria poma fricta*** (Nr. ___; = _____): *nomen est omen!*

☆ ***tabula ciborum*** (Nr. ___; = _____): *in ea cuncti cibi monstrantur*

☆ **Coca-Cola** (Nr. ___; = _____): *hanc potionem paene cuncti adulescentes amant*

☆ ***venditrix*** (Nr. ___; = _____): *femina, quae mandata (mandatum, -i „Bestellung") clientium accipit*

☆ ***excipulum purgamentarium*** (Nr. ___; = _____): *in eo cuncta, quae cibo confecto restant, colliguntur*

☆ ***sella*** (Nr. ___; = _____): *illa ii utuntur, qui cibum non stantes capere volunt*

☆ ***mappa*** (Nr. ___; = _____): *illius auxilio os digitique purgantur*

☆ ***mensa*** (Nr. ___; = _____): *in ea tabulae cibis completae deponuntur*

Powermudra

Müde? Erschöpft? Verzweifelt?
Das Powermudra gibt dir Kraft für deine Aufgaben:

Du legst Daumen und Ringfingerkuppen zusammen und den Zeigefinger auf das erste Daumengelenk.
Du kannst es auch nur mit rechter oder linker Hand halten.
Dauer der Übung: mindestens 3 Minuten. Führe das Powermudra mindestens 6-mal täglich durch.

Stell dir einmal vor,
du bist Besitzer eines tollen Autos. Es kann schnell fahren, es bringt dich gut und sicher an jedes von dir gewünschte Ziel. Du braust gerade auf der Autobahn dahin, aber plötzlich stottert der Motor. Du drückst stärker aufs Gaspedal, trotzdem wird dein Auto immer langsamer und bleibt sogar stehen. Du kannst nun schimpfen, einen Kopfstand machen, das Auto neu lackieren, die Mitfahrer rausschmeißen – das Auto wird sich keinen Zentimeter bewegen. Wenn dein Auto keinen Treibstoff mehr hat, kannst du tun, was du willst. Du musst das Richtige tun: **TANKEN!** Dann kannst du deine Fahrt fortsetzen und kommst ans Ziel.

Ebenso ist es mit deiner eigenen Kraft. Wenn deine Energie zu niedrig ist, hast du es sehr schwer, eine gute Lernleistung zu erbringen. Von leicht und locker zu schaffen, was Lehrer und Eltern von dir fordern, ganz zu schweigen.
Unlust, Müdigkeit, Ärger oder Verzweiflung breiten sich in deinem Körper aus. Sie zehren an deiner Energie. Wie willst du aber eine Leistung erbringen, wenn dein Tank leer ist?

Daher heißt's auftanken mit dem Powermudra!

1. DURCHSTARTÜBUNG!

DIE KONJUNKTIVE

Grundlegendes zur lateinischen Verbalformenbildung findest du ausführlich im Band „Durchstarten in Latein für das 1. Lernjahr", Seite 8 ff., erklärt.

Unter dem Konjunktiv versteht man die **Möglichkeitsform**. Während man im Deutschen nur zwei Konjunktive (Konjunktiv 1 und 2, siehe Seite 105) unterscheidet, gibt es davon im Lateinischen gleich vier verschiedene. Auf den folgenden Seiten erfährst du zunächst, wie sie gebildet werden, über ihre Bedeutung und Übersetzung kannst du dich ab Seite 71 informieren.

KONJUNKTIV PRÄSENS

Beim Konjunktiv Präsens gibt es (leider) je nach der Konjugationsklasse, der das Verbum angehört, zwei verschiedene Arten der Bildung:

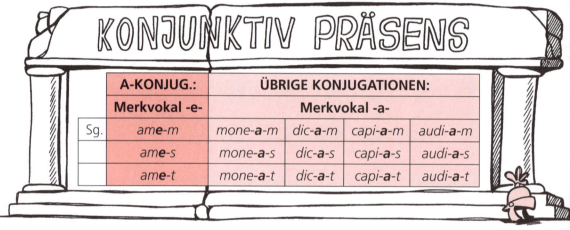

	A-KONJUG.:	ÜBRIGE KONJUGATIONEN:			
	Merkvokal -e-	Merkvokal -a-			
Sg.	am**e**-m	mone-**a**-m	dic-**a**-m	capi-**a**-m	audi-**a**-m
	am**e**-s	mone-**a**-s	dic-**a**-s	capi-**a**-s	audi-**a**-s
	am**e**-t	mone-**a**-t	dic-**a**-t	capi-**a**-t	audi-**a**-t

Die Endungen entsprechen jenen des Indikativs.

Das Zeichen für den Konjunktiv Präsens ist -a-, bei der a-Konjugation jedoch -e-!

Warum wird der Konjunktiv Präsens bei der a-Konjugation anders als bei den übrigen Konjugationen gebildet?

Gib nach dem Muster der ersten Zeile zu den folgenden Verba die Konjugation an und bilde die jeweils entsprechende Konjunktivform:

intellegis (Indik.)	konsonantische Konj.	*intellegas* (Konj.)
1. addunt		
2. dat		
3. arces		
4. sentio		
5. cupimus		
6. ambulatis		
7. ducitur		
8. arcentur		
9. moneris		
10. superamur		
11. colitis		
12. capior		

 Bei der konsonantischen, Misch- und i-Konjugation ist der Konjunktiv Präsens in der **1. Person Sg.** identisch mit dem **Futur**, wie du hier am Beispiel von *dicere* siehst:

K. Präsens:	*dic**a**m, dic**a**s, dic**a**t . . . dic**a**nt*
Futur:	*dic**a**m, dic**e**s, dic**e**t . . . dic**e**nt*

Wodurch unterscheidet sich also bei den genannten Konjugationen der Konjunktiv Präsens vom Futur?

Aus dieser Ähnlichkeit von Konjunktiv Präsens und Futur ergeben sich eine ganze Menge **Verwechslungsmöglichkeiten**:

Die Form *doles* könnte beispielsweise – sofern man die Konjugationsklasse des Wortes nicht kennt – von ihrem Wortausgang her drei verschiedene Deutungen zulassen:

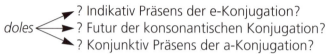

Da das Wort *dolére* („bedauern") heißt und somit zur e-Konjugation gehört, wird es dir sicher nicht schwer fallen, die in diesem Fall richtige Lösung zu finden:

doles: Zeit: _____

Modus: _____

Übersetzung: _____

Ähnliches gilt für eine Form wie *edat*:

edat → ? Indikativ Präsens der a-Konjugation?
→ ? Konjunktiv Präsens der konsonantischen Konjugation?

Versuche mit Hilfe des Vokabelverzeichnisses die Konjugationsklasse des Wortes herauszufinden und dich danach für die richtige der beiden oben angegebenen Varianten zu entscheiden!

Wie kann man solche Verwechslungen vermeiden?

Zunächst die schlechte Nachricht: Eigentlich gibt es nur eine Möglichkeit, solchen Verwechslungen vorzubeugen – beim Vokabellernen besonders genau die Konjugationsklasse jedes einzelnen Verbums mitlernen!

Nun die gute Nachricht: Anhand der Übung auf der nächsten Seite kannst du überprüfen, wie es um deine diesbezüglichen Kenntnisse steht . . .

Aber vorher:

Ist das die Möglichkeit(sform)?

Bei dieser Übung sind die verschiedensten Formen durcheinander geraten, und nicht alles, was danach aussieht, ist auch wirklich ein Konjunktiv! Ordne die Wörter in die drei Spalten; beachte dabei immer genau, zu welcher Konjugationsklasse das Verbum gehört!

dicas – moneas – custodiunt – ambulamus – legemus – arcet – faciant – agetis – rogamus – cognoscamus – cognoscemus – doles – dem – accipietur – pugnetur – petent – liberabunt – servas

KONJUNKTIV PRÄSENS	INDIKATIV PRÄSENS	FUTUR

Achtung, Einzelgänger! Welche der Formen passt nicht in die Reihe? Begründe!

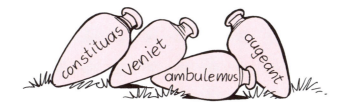

constituas – veniet – ambulemus – augeant

BEGRÜNDUNG: _____

23

NOTA BENE

Einige der unregelmäßigen Verba (zu ihnen siehe „Durchstarten in Latein für das 1. Lernjahr", Seite 33 ff.) bilden den Konjunktiv Präsens mit **-i-**:

esse („sein")	**posse** („können")	**velle** („wollen")
sim	possim	velim
sis	possis	velis
sit	possit	velit
(etc.)	(etc.)	(etc.)

ire und *ferre* bilden den Konjunktiv Präsens dagegen mit **-a-**:
eam, eas . . . bzw. *feram, feras* . . .

10 Setze den richtigen Vokal (a/e/i) ein, um den Konjunktiv Präsens zu bilden.

1. rog _ m
2. s _ mus
3. ag _ nt
4. vast _ nt
5. toll _ s
6. ag _ tis
7. divid _ s
8. vel _ mus
9. arce _ t
10. poss _ nt
11. dilig _ tis
12. delect _ t
13. accipi _ m
14. poss _ mus
15. s _ tis

KONJUNKTIV IMPERFEKT

Diesen Konjunktiv kannst du ganz leicht bilden, indem du an den **aktiven Präsensinfinitiv** die üblichen Endungen des Präsensstammes fügst:

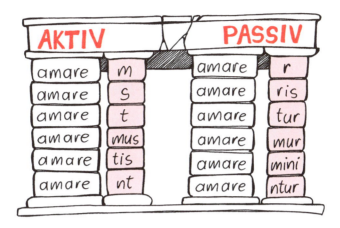

11 Bilde den Konjunktiv Imperfekt aktiv zu: *doceo 2* und *capio M*.

12 Bilde den Konjunktiv Imperfekt passiv zu: *audio 4* und *duco 3*.

13 Fülle nach dem Muster der ersten Zeile aus:

putamus	Inf. Präsens: putare	putaremus
1. addis		
2. doleo		
3. sentis		
4. datur		
5. capio		
6. superamur		
7. ducitur		
8. trahit		
9. moneor		
10. delemus		
11. colimus		
12. movemini		

Bei DEPONENTIA, die ja keinen aktiven Infinitiv haben (siehe Seite 8 ff.), dient der **Imperativ Sg.** als Ausgangspunkt für den Konjunktiv Imperfekt; auf ihn folgen selbstverständlich die **Passiv**endungen *(-r, -ris, -tur; -mur, -mini, -ntur): conare-r, tuere-r, sequere-r, morere-r, experire-r* etc.

14 Fülle die Tabelle analog zu den Formen der linken Spalte aus!

	conor 1	*sequor 3*	*experior 1*
haberes			
haberemus			
haberent			

15 Wie muss der Konjunktiv Imperfekt in der 1.P. Sg. zu den folgenden unregelmäßigen Verba lauten?

	Infinitiv	**Konjunktiv Imperfekt**
sum (ich bin)		
possum (ich kann)		
volo (ich will)		
fero (ich trage)		
eo (ich gehe)		

KONJUNKTIV PERFEKT UND PLUSQUAMPERFEKT

Im Gegensatz zum Konjunktiv Präsens und Imperfekt werden diese beiden Konjunktive bei allen Konjugationsklassen gleich gebildet.

AKTIV

An den aktiven Perfektstamm treten folgende Endungen:

aktiver Perfektstamm	Endungen Konj. Perfekt		Endungen Konj. PlQPf.	
	Sg.	Pl.	Sg.	Pl.
amav- monu- dix- cep- audiv-	-erim -eris -erit	-erimus -eritis -erint	-issem -isses -isset	-issemus -issetis -issent

Welche Zeit hat mit Ausnahme der 1.P. Sg. dieselben Aktivformen wie der Konjunktiv Perfekt? _____

Wie lautet dort jedoch die 1.P. Sg.? _____

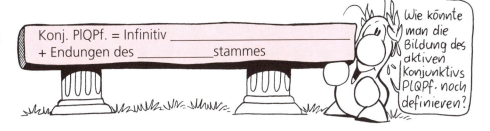

Konj. PlQPf. = Infinitiv _____
+ Endungen des _____ stammes

Wie könnte man die Bildung des aktiven Konjunktivs PlQPf. noch definieren?

16 Bilde den Konjunktiv Perfekt und PlQPf. aktiv zu den folgenden Formen (Wenn dir die Stammformen eines Wortes nicht bekannt sind, schlage im Vokabelverzeichnis ab Seite 149 nach!):

1. lego
2. agitat
3. taces
4. dolemus
5. cupitis
6. sunt
7. ducis
8. praebet
9. servamus
10. capiunt
11. traho
12. visitatis

PASSIV

Die Passivformen der beiden Konjunktive sind – wie alle anderen Perfekt-stammformen im Lateinischen – zweiteilig:

passiver Perfektstamm	Endungen Konj. Perfekt passiv		Endungen Konj. PlQPf. passiv	
amatus 3 monitus 3 dictus 3 + captus 3 auditus 3	Sg. sim sis sit	Pl. simus sitis sint	Sg. essem esses esset	Pl. essemus essetis essent

Versuche auch hier, ein „Patentrezept" für die Erkennung des passiven Konj. PlQPf. zu basteln:

Der passive Konjunktiv PlQPf. besteht aus dem passiven Infinitiv _____ und den Endungen des _____ stammes.

17 Setze die folgenden Formen in den Konj. Perfekt und PlQPf.!

1. doceor
2. servamur
3. ducuntur
4. videmini
5. datur
6. traheris
7. afficimini
8. superantur
9. vinceris
10. laudamur
11. rogor
12. tollitur

ÜBERBLICK ÜBER DIE BILDUNG DER KONJUNKTIVE

Zum Abschluss dieser nicht gerade leichten Lektion findest du hier die wichtigsten Unterscheidungsmerkmale der einzelnen Konjunktive noch einmal gesammelt auf einen Blick:

	AKTIV	PASSIV
K. PRÄSENS	Präsensstamm + -A- (bzw. -E- bei a-Konj.) +	
	-m, -s, -t; -mus, -tis, -nt	-r, -ris, -tur; -mur, -mini, -ntur
K. IMPERFEKT	aktiver Infinitiv Präsens +	
	-m, -s, -t; -mus, -tis, -nt	-r, -ris, -tur; -mur, -mini, -ntur
K. PERFEKT	aktiver Perfektstamm +	PPP +
	-erim, -eris, -erit . . . -erint	sim, sis, sit; simus, sitis, sint
K. PLQPF.	aktiver Perfektstamm +	PPP +
	-issem, -isses, . . . -issent	essem, esses, . . . essent

18 Ordne die folgenden Verba in die 4 Spalten:

rogaret – essent – veniam – monuissent – dixerim – ducti essent – ferres – rogaverit – eam – tacuisset – delectati essent – potuerimus – cognoveris – orent – placeat – velis – iremus – visi sint – servaremur – accepissem

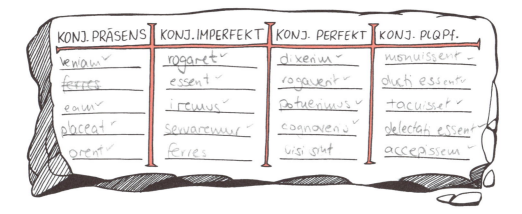

Achtung, Blindgänger!
Welche Form passt nicht in den Tonkrug? Begründe!

19 Setze die jeweils fehlenden Formen ein!

Konj. Präsens	Konj. Imperfekt	Konj. Perfekt	Konj. PlQPf.
servem	servarem	servaverim	servavissem
			dixissent
		fuerimus	
audiatur			
	velles		
		capti sint	
			vidisses
	iretis		
cantemus			
			conatus esses
	possetis		
sequatur			

Schon gut in Form(en)?

Bist du schon der „Herr der Konjunktive"? Der folgende Abschlusstest wird dir darüber Aufschluss geben!

Bilde, wie angegeben, die folgenden Konjunktivformen!
(A = Aktiv, P = Passiv)

1. 3.P. Sg. A Konj. Präs. von *legere* _____

2. 1.P. Pl. A Konj. Imperf. von *visitare* _____

3. 3.P. Pl. P Konj. PlQPf. von *ducere* _____

4. 2.P. Pl. A Konj. Perfekt von *esse* _____

5. 1.P. Sg. P Konj. Imperf. von *laudare* _____

6. 1.P. Pl. A Konj. Präs. von *gaudere* _____

7. 2.P. Sg. A Konj. PlQPf. von *tacere* _____

8. 3.P. Sg. P Konj. Präs. von *dicere* _____

9. 2.P. Pl. P Konj. Imperf. von *capere* _____

10. 1.P. Pl. A Konj. Präs. von *ferre* _____

11. 3.P. Pl. P Konj. PlQPf. von *superare* _____

12. 2.P. Sg. A Konj. Perfekt von *facere* _____

AUSWERTUNG
12–11 Punkte: *Optime* – Du kannst dich schon zu Recht als „Herr der Konjunktive" betrachten!
10–7 Punkte: *Satis*, wenn auch nicht gerade berauschend!
weniger als 7 Punkte: *Sub cane!* – Zurück zu Seite 20.

ERDKNÖPFE UND RAUMKNÖPFE

Du liest etwas, kannst es dir aber nur schwer merken?

Halte deine Erdknöpfe:

Du berührst mit je zwei Fingern der einen Hand den Rand deines Schambeins und mit zwei Fingern der anderen Hand den Punkt unterhalb der Unterlippe.

Dauer der Übung: 2 Minuten

Passieren dir Fehler beim Abschreiben von der Tafel?

Halte deine Raumknöpfe:

Du berührst mit zwei Fingern der einen Hand das Steißbein. Es befindet sich am unteren Ende der Wirbelsäule. Mit zwei Fingern der anderen Hand berührst du den Punkt oberhalb der Oberlippe. Die Erdknöpfe und Raumknöpfe kannst du auch sanft massieren.

Dauer der Übung: 2 Minuten

2. DURCHSTARTÜBUNG

SYNTAX (SATZLEHRE)

ZEITVERHÄLTNIS

Bevor wir zu zwei der wichtigsten lateinischen Konstruktionen, nämlich *ACI* und *Ablativus absolutus*, kommen, musst du dich mit dem so genannten Zeitverhältnis vertraut machen.

Werfen wir zunächst einen Blick auf das **DEUTSCHE**: Besteht ein Satzgefüge aus einem Haupt- und einem Gliedsatz, stehen die Prädikate dieser beiden Sätze in einem bestimmten zeitlichen Verhältnis zueinander.

- ☆ **Gleichzeitigkeit:** Die Handlungen von Gliedsatz (GS) und Hauptsatz (HS) finden **zur selben Zeit** statt.
- ☆ **Vorzeitigkeit:** Die Handlung des GS hat **vor** der des HS stattgefunden.
- ☆ **Nachzeitigkeit:** Die Handlung des GS wird **nach** der des HS stattfinden.

EXEMPLA:

Als ich Mutters Torte verzehrt hatte, wurde mir schlecht.

Die Handlung des GS (→ ich verzehrte die Torte) liegt hier vor der des HS (→ mir wurde schlecht), der GS ist also **vorzeitig** zum HS.

Als ich später im Bett lag, musste ich ständig an Torten denken.

Die Handlung des GS (→ ich lag im Bett) findet gleichzeitig mit der des HS statt (→ ich dachte an Torten), der GS ist also **gleichzeitig** zum HS.

20 Bestimme das Zeitverhältnis der folgenden Gliedsätze zu den Hauptsätzen:

1. Während wir unser Fest feierten, rückte die Polizei aus. (→ Zeitverhältnis: _____ *zeitig*)
2. Nachdem wir das Gelage beendet hatten, mussten einige der Teilnehmer von ihren Eltern abtransportiert werden. (→ Zeitverhältnis: _____ *zeitig*)
3. Ich bin überzeugt, dass die Betroffenen frühestens übermorgen wieder einsatzfähig sein werden. (→ Zeitverhältnis: _____ *zeitig*)

Welche der folgenden Bindewörter leiten vorzeitige, welche gleichzeitige Gliedsätze ein, bei welchen kann beides der Fall sein?

☆ immer vorzeitig: _____

☆ immer gleichzeitig: _____

☆ gleich- oder vorzeitig: _____

Auch im **LATEINISCHEN** spielt das Zeitverhältnis eine wichtige Rolle, beispielsweise bei der *Consecutio temporum* (siehe Seite 76).
Darüber hinaus gibt es aber auch bestimmte lateinische Verbalformen wie die PARTIZIPIA oder die INFINITIVE, die **keine bestimmte Zeit** (Präsens, Imperfekt, Perfekt etc.), sondern ein Zeitverhältnis ausdrücken:

PARTIZIPIUM	INFINITIV	
Part. Präsens	Inf. Präsens	→ **GLEICHZEITIG**
Part. Perfekt	Inf. Perfekt	→ **VORZEITIG**
Part. Futur	Inf. Futur	→ **NACHZEITIG**

Sowohl Partizipia als auch Infinitive kommen im Lateinischen häufig in bestimmten Konstruktionen vor, die bei der Übersetzung zu deutschen Gliedsätzen umgeformt werden:

- ✭ PARTIZIPIA: im **Ablativus absolutus** (siehe Seite 45) und im **Participium Coniunctum** (siehe „Durchstarten in Latein für das 1. Lernjahr", Seite 124 ff.)

- ✭ INFINITIVE: im **ACI** (siehe Seite 38) und **NCI** (siehe „Durchstarten in Latein für das 1. Lernjahr", Seite 130)

Aus dem Partizipium bzw. Infinitiv wird dabei meist ein deutsches Prädikat. Für solche Umformungen gilt:

Die Zeit, in der das Partizip / der Infinitiv übersetzt wird, hängt vom übergeordneten Prädikat ab!

Das bedeutet, dass z. B. nicht jedes Präsenspartizip automatisch mit dem Präsens wiedergegeben werden darf, sondern nur dann, wenn das übergeordnete Prädikat ebenfalls im Präsens steht; steht dieses im Imperfekt, muss auch das Partizip Präsens zum Imperfekt werden, da es eben **gleichzeitig** ist. Hier zwei Beispiele, die das verdeutlichen:

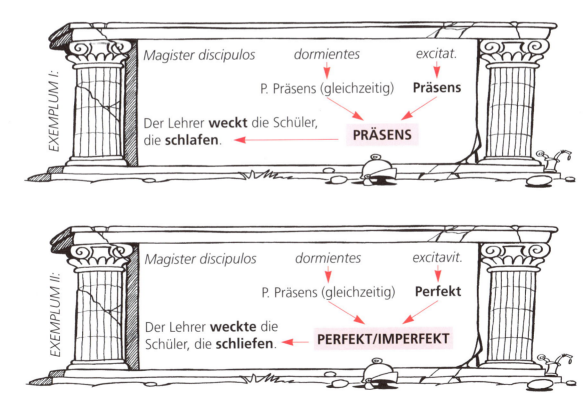

Am besten wirst du mit „Zeitverhältnissen" umgehen können, wenn du dir die folgende **Zeitleiste** gut einprägst:

* Imperfekt und Perfekt sind „gleich weit" vom Präsens entfernt, drücken aber Unterschiedliches aus:
  Perfekt → einmalige Handlung,
  Imperfekt → wiederholte oder länger dauernde Handlung

 Durch welche Zeit wird die Vorzeitigkeit zum Imperfekt ausgedrückt, durch welche die zum Futur?

21 **Mit der Zeit immer besser bei den Zeiten!**

Bevor es nun *medias in res* mit ACI und Ablativus absolutus geht, kannst du nochmals überprüfen, ob du den Inhalt der letzten Seiten bereits gut beherrschst! Spiele „Fehlerdetektiv": In jedem der folgenden Sätze **kann** ein Fehler enthalten sein – finde ihn heraus und korrigiere ihn gegebenenfalls!

1. *Das lateinische Partizip Präsens wird im Deutschen immer mit dem Präsens wiedergegeben.*
   RICHTIG / FALSCH (richtige Lösung: _____

   _____)

2. *Vorzeitigkeit zum Perfekt wird durch das Plusquamperfekt ausgedrückt.*
   RICHTIG / FALSCH (richtige Lösung: _____

   _____)

3. *„nachdem" drückt Nachzeitigkeit aus.*
   RICHTIG / FALSCH (richtige Lösung: _____

   _____)

4. *Eine länger andauernde Handlung in der Vergangenheit wird im Lateinischen durch das Imperfekt ausgedrückt.*
   RICHTIG / FALSCH (richtige Lösung: _____

   _____)

5. *Der Infinitiv Futur bringt die Vorzeitigkeit zum Ausdruck.*
   RICHTIG / FALSCH (richtige Lösung: _____

   _____)

6. *Die Erzählzeit ist im Lateinischen und im Deutschen das Imperfekt.*
   RICHTIG / FALSCH (richtige Lösung: _____

   _____)

7. *Ein Infinitiv Perfekt im ACI wird immer mit dem deutschen Perfekt übersetzt.*
   RICHTIG / FALSCH (richtige Lösung: _____

   _____)

ACI

ACI ist die Abkürzung für *Accusativus cum infinitivo* (Akkusativ mit Infinitiv). Dass es diese Konstruktion nicht nur im Lateinischen, sondern auch im Deutschen gibt, siehst du an folgendem Satz:

Mater audit	***patrem***	***stertere****.*
Mutter hört	**den Vater**	**schnarchen**.
	↓	↓
	AKKUSATIV	**INFINITIV**

Nicht jeder lateinische ACI kann aber wie bei diesem Beispiel wörtlich ins Deutsche übertragen werden. Schauen wir uns einmal folgendes Beispiel an:

Mater scit patrem stertere.

Um hier eine korrekte Übersetzung zu erhalten, darf man den Satz nicht wörtlich („Mutter weiß den Vater schnarchen") übersetzen, sondern muss ihn in einen „dass"-Satz verwandeln:

Mutter weiß, <u>dass</u> der Vater schnarcht.

Was ist hier mit dem **Akkusativ** des ACI im „dass"-Satz passiert? Er ist zum _____ geworden.

Was ist aus dem **Infinitiv** geworden? Der Infinitiv ist zum _____ geworden.

Von dem Beispiel auf der vorigen Seite ausgehend, kann man also folgende Regel für die Übersetzung des ACI ableiten:

> Beim Latein-Deutsch-Übersetzen wird ein ACI meistens durch einen mit „DASS" eingeleiteten Gliedsatz wiedergegeben. Dabei wird der lateinische Akkusativ zum SUBJEKT (daher der Name **Subjektsakkusativ**), der Infinitiv zum PRÄDIKAT:

lat. ACI:	Scio	—	patrem	stertere.
			Subjektsakkusativ	Infinitiv

↓ ↓

dt. Gliedsatz:		„dass"	Nominativ	Prädikat
	Ich weiß,	dass	der Vater	schnarcht.

WANN STEHT DER ACI?

Das deutsche Bindewort „dass" kann verschiedene Bedeutungen haben, die im Lateinischen aber durch verschiedene Wörter bzw. Konstruktionen wiedergegeben werden: Folge (→ *ut*), Begehren (→ *ut*), Befürchtung (→ *ne*), Tatsache (→ *quod*), Gefühlserregung (→ *quod*), Zweifel (→ *quin*), Hindernis (→ *quominus*).

Der ACI hingegen steht

☆ nach sogenannten *Verba dicendi* und *sentiendi* (Verben des Sagens und Fühlens);
☆ nach „unpersönlichen" Ausdrücken (nur in der 3.P. Sg.);
☆ nach manchen Verben des Begehrens.

Am besten stellst du dir vor, dass es sich bei vielen dieser Verba um solche handelt, die eine „Tätigkeit des Kopfes" zum Ausdruck bringen:

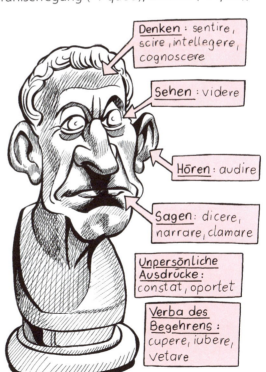

WAS DRÜCKT DER INFINITIV IM ACI AUS?

Der Infinitiv drückt im ACI keine bestimmte Zeit, sondern ein ZEITVERHÄLTNIS (siehe Seite 33 ff.) zu dem Verbum, von dem der ACI abhängt, aus:

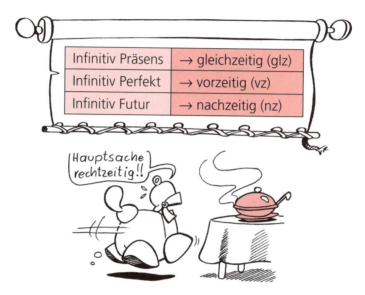

Abgesehen vom Zeitverhältnis musst du beim Infinitiv auch noch beachten, ob er **aktiv** (A) oder **passiv** (P) ist.

Lateinisch	Infinitiv	Deutsch
Constat Romanos		**Es steht fest, dass die Römer**
vincere	Präsens A	siegen (glz, A)
vinci	Präsens P	besiegt werden (glz, P)
vicisse	Perfekt A	gesiegt haben (vz, A)
victos* esse	Perfekt P	besiegt worden sind (vz, P)
victuros* esse	Futur A	siegen werden (nz, A)

* Der passive Perfekt- und der aktive Futurinfinitiv werden in Fall, Zahl und Geschlecht mit dem Subjektsakkusativ (hier: Romanos) übereingestimmt.

Wenn in einem ACI zwei Akkusative vorkommen, entscheidet der Sinn, welcher der Subjekts- und welcher der Objektsakkusativ ist:

Homerus poeta narrat Ulixem Polyphemum dolo superavisse.

= Der Dichter Homer erzählt, dass Odysseus Polyphem durch List besiegt hat.

(Theoretisch könnte der Satz auch heißen: „. . . , dass Polyphem Odysseus durch List besiegt hat", doch du weißt ja, dass es umgekehrt war!)

Unterstreiche den ACI und übersetze:

1. Scio patrem venire.
2. Galli putant Romanos delirare *("spinnen")*.
3. Scio patrem iam domum venisse.
4. Audivimus vos aestate Romae fuisse.
5. Paulus, qui aeger est, sperat medicum mox adfuturum esse.
6. Apud Homerum legimus Troiam decimo anno a Graecis expugnatam esse.
7. Socrates dicere solebat: „Scio me nihil scire."
8. Romam a Romulo conditam esse cuncti fere discipuli sciunt. Solus Iulius putat Remum urbem condidisse.
9. Augusto nuntiatum est legiones Romanas a Germanis victas esse.
10. Quis nescit Iovem summum Romanorum deum fuisse?
11. Homerum poetam iam antiquis temporibus cultum esse constat.
12. Scimus Hectorem fortiter pugnantem ab Achille necatum esse.

WAS BEDEUTET *SE* IM ACI?

Steht in einem ACI das reflexive (rückbezügliche) Personalpronomen *(sui, sibi, se)*, bezieht es sich meist auf das Subjekt des Verbums, von dem der ACI abhängt (sogenanntes **indirektes Reflexiv**). *Se* wird daher nicht mit „sich", sondern mit **„(dass) er/sie"** übersetzt (dementsprechend *sibi* = „ihm"/„ihr"):

EXEMPLA:

*Socrates scivit **se** nihil scire.* = Sokrates wusste, dass **er** nichts wusste.

*At Claudia putat **se** omnia scire.* = Aber Claudia glaubt, dass **sie** alles weiß.

Die Subjektsakkusative **eum/eam** (Sg.) bzw. **eos/eas** (Pl.) beziehen sich dagegen auf eine andere Person als das Subjekt:

*Claudia, amica Iuliae, putat **eam** nihil scire.*

Claudia, Julias Freundin, glaubt, dass **sie** (= Julia) nichts weiß.

23 Zeichne jeweils einen Pfeil vom Personalpronomen zum Bezugswort ein und übersetze:

1. Paulus, qui heri schola afuit, magistro narrat se aegrum fuisse.

2. Paulina, soror Pauli, magistro narrat eum non aegrum fuisse, sed cum quadam amica totum diem per urbem ambulavisse.

3. Paulus et Marcus credunt se discipulos bonos esse, sed magister persuasum habet eos discipulos malos esse.

4. Marcus credit se numquam errare neque umquam erravisse. Sed Iulia persuasum habet eum hac in re errare.

5. Iulius Paulinae promittit se eam cras visitaturum esse.

6. Paulina Iulio promittit se eum non visitaturam esse.

7. Magister, dum docet, discipulos summo studio verba sua audire iubet. At illi dicunt se „naves demergere" (demergere = „*versenken*") malle.

8. Nero Roma incendio vastata civibus pollicitus est se urbem novam multo pulchriorem aedificaturum esse.

9. Croesus rex persuasum habuit se beatissimum hominem esse.

10. Romani putabant se dominos totius mundi esse.

Bei den folgenden Sätzen musst du selbst zum ACI-Konstrukteur werden! Deine Aufgabe ist es nämlich, aus den Sätzen einen ACI zu bilden, der von dem darunter stehenden Satz abhängt. (Achtung: Beachte die Zeitverhältnisse! Steht der Satz im Präsens, ist er gleichzeitig, steht er im Futur, ist er nachzeitig, in jeder vergangenen Zeit ist er vorzeitig.)

EXEMPLUM:

Marcus et Iulia librum legunt. (Präsens → gleichzeitig)
Magister putat Marcum et Iuliam librum legere. (→ Inf. Präsens)
= Der Lehrer glaubt, dass Markus und Julia ein Buch lesen.

1. Iulius a magistro laudatus est.
   Ceteri discipuli vix credere possunt _____ .

2. Discipuli pigri sunt.
   Magister scit _____ .

3. Marcus iam unam horam bene dormit.
   Magister non intellexit _____ .

4. Iulia vocabula non didicit.
   Magister intellexit _____ .

5. Feriae mox aderunt.
   Discipuli sperant _____ .

25 **Infinitive gesucht!**

Dem folgenden Text über das berühmte trojanische Pferd und die Eroberung Trojas sind leider fast alle Infinitive abhanden gekommen – sie haben sich im Pferd versteckt! Deine Aufgabe ist es, ihm die Nennformen wieder zu entlocken und an der richtigen Stelle in den Text einzufügen!

Vergilius poeta narrat Graecos decimo anno belli Troiani dolo Ulixis equum ligneum _____ et milites se in eo _____ .
Postquam Troiani equum intra moenia traxerunt, Graeci media nocte ex equo descenderunt atque portas urbis aperuerunt. Legimus tum per portas apertas Graecos, qui in insula prope Troiam sita se abdiderant, urbem _____ . Quamquam Troianos fortiter _____ constat, Graeci tandem incolas urbis facile oppresserunt. Constat alios crudeliter _____ , alios servos in Graeciam _____ .
At nocte Aeneae dormienti in somnio Hector mortuus apparuit et haec fere verba dixit: „Accipe consilia deorum: Una cum filio patreque fuge! Constat te post longos errores alia in terra novam patriam _____!"

Aus diesen Infinitiven kannst du auswählen:

ABLATIVUS ABSOLUTUS

Wenn du Asterix-Fan bist, ist dir sicher Troubadix kein Unbekannter. Lateinisch heißt dieser unbeschreibliche Barde *Cantorix* (Genetiv: *Cantorigis*). Dass seine Sangeskunst nicht jedermanns Sache ist, geht aus dem folgenden Satz hervor:

***Cantorige cantante** cuncti fuga salutem petunt.*
= **Wenn Troubadix singt**, suchen alle ihr Heil in der Flucht.

Wenn du die fett gedruckten Teile des lateinischen Originals und der deutschen Übersetzung vergleichst, fällt dir bestimmt ein wesentlicher Unterschied auf: Während die deutsche Übersetzung einen Gliedsatz aufweist, besteht der entsprechende Wortblock im Lateinischen aus einem Nomen im Ablativ und einem damit übereingestimmten Partizip:

DEUTSCH:	Wenn	Troubadix	singt
LATEINISCH:	——	*Cantorige*	*cantante*

Eine solche Verbindung zwischen einem Nomen und einem Partizip im Ablativ nennt man **Ablativus absolutus** (= „losgelöster Ablativ"). Da dieser Satzteil grammatikalisch nicht mit dem restlichen Satz zusammenhängt, bildet er sozusagen einen „Satz im Satz", nach dem man nicht wie bei einem „normalen" Ablativ fragen darf.

Ein Ablativus absolutus darf nicht wörtlich (d. h. mit den Präpositionen „mit", „durch" etc.) **übersetzt werden!** Statt dessen solltest du ihn in einen **Gliedsatz** umwandeln.

Versuche nach dem Beispiel der vorigen Seite die Regel für die Übersetzung des Ablativus absolutus abzuleiten:

LATEINISCH		Ablativ +	Partizip
		↓	↓
DEUTSCH	Bindewort +	_____ +	_____

WELCHEN UNTERSCHIED MACHT ES, OB IN EINEM ABLATIVUS ABSOLUTUS EIN PARTIZIP PRÄSENS ODER PERFEKT VORKOMMT?

Merke dir folgende „Eigenschaften" der Partizipia:

☆ **GLEICHZEITIG** heißt, dass die Handlung des Ablativus absolutus **im selben Moment** wie die des Hauptsatzes stattfindet. Ein deutsches Bindewort, das diese Gleichzeitigkeit gut wiedergibt, ist **„während"**:

Cantorige	**cantante**	cuncti fugiunt.
	Partizip Präsens → gleichzeitig	
Während Troubadix singt,		flüchten alle.

☆ **VORZEITIG** bedeutet: Das, was im Ablativus absolutus beschrieben wird, hat sich **vor** der Handlung des Hauptsatzes abgespielt. Ein deutsches Bindewort, das diese Vorzeitigkeit zum Ausdruck bringt, ist **„nachdem"**:

Carmine	**finito**	cuncti reveniunt.
	Partizip Perfekt → vorzeitig	
Nachdem das Lied beendet ist,		kehren alle zurück.

WELCHE BINDEWÖRTER KANN MAN FÜR DIE ÜBERSETZUNG EINES ABLATIVUS ABSOLUTUS VERWENDEN?

Eine ganze Menge! Drei davon hast du auf den letzten beiden Seiten schon kennen gelernt („wenn", „während", „nachdem"). Hier nun eine komplette Aufstellung sämtlicher Möglichkeiten. Aber Achtung: Welche du tatsächlich wählst, hängt ausschließlich vom SINN des Satzes ab!

ÜBERSETZUNGSMÖGLICHKEITEN FÜR DEN ABLATIVUS ABSOLUTUS		
Wiedergabe als:	Übersetzung:	grammatikalische Bezeichnung:
NEBENSATZ	„als", „nachdem"*, „während"**	temporal (zeitlich)
	„weil"	kausal (begründend)
	„obwohl"	konzessiv (einräumend)
	„wenn"	kondizional (bedingend)
	„indem"**	modal (erklärend)
HAUPTSATZ	„und"	beiordnend
VORWORT + SUBSTANTIV	(je nach Sinn)	Präpositionalausdruck (z. B. „bei", „nach" . . .)

* nur bei Vorzeitigkeit (Partizip Perfekt)
** nur bei Gleichzeitigkeit (Partizip Präsens)

Vielleicht wird dir aufgefallen sein, dass diese Übersetzungsmöglichkeiten für den Ablativus absolutus genau dieselben sind wie beim Participium Coniunctum (siehe „Durchstarten in Latein für das 1. Lernjahr", Seite 124 ff.). Dennoch gibt es beim Participium Coniunctum eine Möglichkeit, die du beim Ablativus absolutus – abgesehen von der wörtlichen Übersetzung (siehe Seite 45) – keinesfalls anwenden darfst. Um welche handelt es sich?

Im Gegensatz zu einem Participium Coniunctum darf man einen Ablativus absolutus nicht als _____satz übersetzen, da ihm das Bezugswort fehlt.

Betrachte die Auflösungsmöglichkeiten des Ablativus absolutus zu einem Nebensatz – welches lateinische Bindewort kann man ebenfalls mit genau diesen Bedeutungen übersetzen? (Sollte dich bei dieser Frage Ratlosigkeit befallen, ist dir ein Blick auf Seite 86 ff. gestattet!)

Wird der Ablativus absolutus zu einem Nebensatz aufgelöst, gibt es dieselben Übersetzungsmöglichkeiten wie bei der lateinischen Konjunktion _____ .

26 Unterstreiche bei den folgenden Sätzen den Ablativus absolutus und übersetze ihn auf möglichst viele passende Arten:

TIPP: Für die Erstübersetzung wirst du mit der folgenden Faustregel gut zurechtkommen:

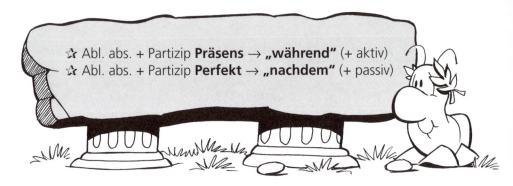

☆ Abl. abs. + Partizip **Präsens** → „**während**" (+ aktiv)
☆ Abl. abs. + Partizip **Perfekt** → „**nachdem**" (+ passiv)

1. Schola finita cuncti discipuli gaudent.
2. Monte ascenso cibum nobiscum portatum cepimus.
3. Aestate incipiente urbem relinquere atque rus petere solemus.
4. Helena a Paride rapta Graeci magno cum exercitu Troiam profecti sunt.
5. Custodibus dormientibus Galli Capitolium ascenderunt.
6. Troia decem annos oppugnata Graeci dolo Ulixis urbem occupaverunt.
7. Romani Tarquinio Superbo rege expulso consules creaverunt.
8. Roma ardente Nero excidium *(„Untergang")* Troiae cecinisse dicitur.
9. Occasione data te visitabo.

27 Und noch einmal Ablativi absoluti (absolut schöner Ausdruck, nicht?), so weit das Auge reicht!
1. Caesare necato multi Romani rem publicam liberam mansuram esse sperabant.
2. Custodibus dormientibus Galli Capitolium petiverunt, sed clamore anserum arce prohibiti sunt.
3. Tito imperatore eruptione Vesuvii montis nonnulla oppida Campaniae deleta sunt.
4. Germanis iam saepe victis tamen incolae provinciarum Romanorum ad Danuvium sitarum semper in metu erant.
5. Troianis dormientibus Graeci ex equo intra muros ducto desiluerunt et plurimos hostes crudelissime necaverunt.
6. Bello finito Caesar Romam revertit.
7. Fama corrupta sine cura vivitur.
8. Hieme appropinquante plurimae aves avolant. (avolare = „wegfliegen")

28 **Ablativus absolutus gesucht!**
Um die folgenden Sätze ist es traurig bestellt, denn irgendwie sind ihnen ihre Ablativi absoluti abhanden gekommen. Kannst du sie in ihrem Versteck aufspüren?

1. _____ cuncti discipuli dormiunt.
2. _____ liberi laeti domum properant.
3. _____ Iulia summo gaudio afficitur.
4. _____ tamen Marcus lecto surgere non vult.
5. _____ tertius gaudet.

Manchmal ist es stilistisch besser, einen Ablativus absolutus, der mit einem PPP gebildet ist, **aktiv** zu übersetzen. Dabei wird das Subjekt des Hauptsatzes auch zum Subjekt des Gliedsatzes:

Penso scripto Marcus ad Iuliam properat.

(= Nachdem die Aufgabe geschrieben worden ist, eilt Markus zu Julia.)

BESSER: Nachdem Markus die Aufgabe geschrieben hat, eilt er zu Julia.

ACHTUNG: Du darfst diesen stilistischen „Kniff" nur dann anwenden, wenn es der SINN des Satzes zulässt!

 Bei einem der drei folgenden Sätze ist eine Umformung des passiven Ablativus absolutus in einen aktiven Gliedsatz vom Sinn her nicht möglich – bei welchem?

1. Troia deleta Graeci domum profecti sunt.
2. Caesare necato multi Romani optabant, ut eius percussores (percussor, -oris „Mörder") necarentur.
3. Monte ascenso multi homines nonnullas lagoenas (lagoena, -ae „Flasche") cervisiae bibere solent.

*„Auf der Alm, da gibt's ka Sünd'!" – Hicks –

„SONDERFORMEN" DES ABLATIVUS ABSOLUTUS

Fallweise wird bei einem Ablativus absolutus das Partizip durch ein **Substantiv oder ein Adjektiv ersetzt**. Für die Übersetzung verwendet man meistens Präpositionalausdrücke. Am besten ist es, wenn du dir die folgenden Wendungen wie Vokabeln merkst:

Augusto **imperatore** = „unter Kaiser Augustus"
Caesare **duce** = „unter Cäsars Führung"
Caesare **consule** = „unter dem Konsul Cäsar"
Caesare **vivo** = „zu Cäsars Lebzeiten"
Caesare **mortuo** = „nach Cäsars Tod"
me **invito** / nobis **invitis** = „gegen meinen / euren Willen"
te **praesente** / vobis **praesentibus** = „in deiner / eurer Gegenwart"
te **absente** / vobis **absentibus** = „in deiner / eurer Abwesenheit"

30 Übersetze:

1. Nerone imperatore urbs incendio vastata est.
2. Cane nostro mortuo tota familia tristis erat.
3. Hannibale vivo Romani in metu erant.
4. Fele absente mures (mus, muris „Maus") gaudent.
5. Cicerone consule Catilina coniurationem fecit.
6. Hunc montem altissimum patre duce ascendi.
7. Parentibus absentibus convivium egimus.
8. Nuper matre invita ipse cenam paravi. Quo factum est, ut die sequenti medicus nobis advocandus esset.

Eindeutig zweideutig!
Der Ausdruck *te invito* kann auf zwei ganz verschiedene Arten übersetzt werden. Wie?

1. _____ 2. _____

Was heißt somit *Marco invito Iuliam invito*?

_____

Schon absolut sicher bei ACI und Ablativus absolutus?

Zum Abschluss dieser Reise durch die wunderbare Welt von ACI und Ablativus absolutus darfst du dein frisch erworbenes Wissen nochmals unter Beweis stellen. Der folgende Test wird dir sicher nicht schwer fallen!

1. *Den ACI gibt es im Deutschen auch / nicht.* (Streiche das Nichtzutreffende!) (1 Punkt)

2. *Der Akkusativ des ACI wird _____ akkusativ genannt.* (1 Punkt)

3. *se wird im ACI mit „dass ___ / ____" übersetzt.* (1 Punkt)

4. *Ein Infinitiv Futur drückt im ACI die _____ zeitigkeit aus.* (1 Punkt)

5. *Das Partizip Präsens ist immer aktiv / passiv und gleichzeitig / vorzeitig.* (Streiche das Nichtzutreffende!) (1 P.)

6. *„Ablativus absolutus" heißt wörtlich „_____ Ablativ".* (1 Punkt)

7. *Ein Ablativus absolutus mit PPP darf mit „während" übersetzt werden / nicht übersetzt werden.* (Streiche das Nichtzutreffende!) (1 Punkt)

8. *Ein Ablativus absolutus darf in der Übersetzung zu einem Relativsatz / zu einem Hauptsatz umgeformt werden.* (Streiche das Nichtzutreffende!) (1 Punkt)

9. Übersetze: (4 x 1 Punkt)
   a) *Patrem mox domum venturum esse credo.*
   b) *Hostes se nocte non cerni putaverunt.*
   c) *Magistro praesente discipuli tacent.*
   d) *Navibus comparatis Graeci Troiam navigaverunt.*

AUSWERTUNG:
12–11 Punkte: *Optime!*
10–7 Punkte: *Satis*
weniger als 7 Punkte: *Parum!* – Du bist mit ACI und Ablativus absolutus absolut noch nicht auf Du – zurück zu Seite 38 – eine zusätzliche einschlägige Lektion wird dir nicht schaden!

GEHIRNKNÖPFE

Schon ein wenig müde vom letzten Kapitel?

Da wollen wir mal deine Gehirntätigkeit wieder auf Vordermann/frau bringen. Man könnte auch aktivieren dazu sagen:
Du berührst mit zwei Fingern der linken Hand den Nabel. Den Daumen der anderen Hand legst du in das rechte Grübchen unterhalb deines Schlüsselbeins. Mit Zeige- und Mittelfinger berührst du das linke Grübchen. Nun massierst du mit leichtem Druck alle drei Stellen gleichzeitig. Nach etwa einer Minute wechselst du die Hände. Nun reiben die Finger der rechten Hand den Nabel, die linke Hand befindet sich beim Schlüsselbein.

Dauer der Übung: 2 Minuten

3. DURCHSTARTÜBUNG!

GERUNDIUM

Betrachte die folgenden Sätze:

1. Das Küssen interessiert nicht nur junge Menschen, sondern wird sogar noch von manchen Erwachsenen heftig betrieben.

2. Es gibt nur wenige, die **des Küssens** überdrüssig werden.

3. Dem Küssen verdanken wir viele freudige Momente, aber auch so manche Fieberblase.

Zweifellos sind alle fett gedruckten Ausdrücke Formen des Zeitworts „küssen". Da vor diesen Formen jeweils ein Artikel steht und sie außerdem großgeschrieben sind, handelt es sich um das sogenannte **hauptwörtlich gebrauchte Zeitwort** (Verbalsubstantiv).

31 Bestimme bei den oben stehenden Sätzen den Fall der fett gedruckten Formen!

Auch im Lateinischen kann von jedem Verbum ein derartiges Verbalsubstantiv gebildet werden. Es wird GERUNDIUM genannt und ist – sieht man vom Nominativ ab – an den Buchstaben **-nd-** zu erkennen:

baciare
besar

Nom.	(basiare)	zu küssen; das Küssen
Gen.	basia**nd**i	des Küssens
Akk.	ad basia**nd**um	zum Küssen; um zu küssen
Abl.	basia**nd**o	durch das Küssen
	in basia**nd**o	beim Küssen

Anmerkungen:
✰ Bei der konsonantischen, Misch- und i-Konjugation tritt zwischen Stamm und -nd- noch der Bindevokal -e-: *legendi, capiendi, audiendi* etc.
✰ Der Dativ des Gerundiums kommt in der Praxis nicht vor und ist hier folglich nicht angeführt.

Nach welcher Deklination wandelt das Gerundium also ab?

Das Gerundium wandelt nach der _____-Deklination ab.

Dekliniere das Gerundium von *dormire, discere* und *paréré*!

WIE ÜBERSETZE ICH DAS GERUNDIUM?

Neben der Übersetzung als **Substantiv** ist häufig auch die Wiedergabe als **Infinitiv** möglich:

ars basiandi = die Kunst
→ des Küssens
→ zu küssen

Am häufigsten kommt das Gerundium in Kombination mit den Präpositionen **ad** (+ Akkusativ) und **causa** (dem Genetiv nachgestellt) vor. Es hat dann finale Bedeutung und wird mit **„um zu"** oder **„wegen"** übersetzt:

ad basiandum = *basiandi causa*
→ um zu küssen
→ wegen des Küssens

Übersetze folgende Gerundiumformen:

1. cantando
2. ad discendum
3. dormiendi causa
4. in ambulando
5. laborando
6. tempus surgendi
7. ad docendum
8. in currendo
9. ars volandi
10. modus vivendi
11. fugiendi causa
12. causa fugiendi

Da das Gerundium im Lateinischen dem Verbum näher steht als einem Substantiv, wird es im Gegensatz zum Deutschen mit einem **Akkusativobjekt** bzw. **Adverb** erweitert:

beim Lernen der Vokabeln = *in **vocabula** discendo*

Genetiv   Akkusativ (→ „was lernt man?")

durch das schnelle Laufen = ***celeriter** currendo*
↓   ↓
Adjektiv   Adverb (→ „wie läuft man?")

34 Übersetze:

1. Post cenam tempus dormiendi est.
2. Ut bos ad arandum et equus ad currendum, ita ego ad diu dormiendum natus sum.
3. Quamquam a parentibus discendi causa in scholam mittor, etiam ibi dormire malo.
4. Marcus cottidie summo desiderio Iuliam videndi afficitur.
5. Vos visitandi cupidissimi sumus.
6. Iulius, qui se basiandi peritissimum putat, dicere solet: „Artem recte basiandi saepe basiando didici."
7. Nuper Marcus Iuliam discendi causa visitavit. Sed mox Iuliae mater, cum cubiculum filiae intraret, eos haudquaquam discentes, sed manus tenentes invenit.
8. Imperatori Neroni summum studium cantandi fuisse constat. Tamen eos, qui audiebant, raro delectavisse videtur.

GERUNDIVUM

Während du mit dem **Gerundium** alleine wahrscheinlich keinerlei Schwierigkeiten hättest, wird dir durch die Tatsache, dass es auch ein **Gerundivum** gibt, das ähnlich heißt und ähnlich ausschaut, aber doch nicht dasselbe ist, dein Leben als angehender Lateinexperte vermutlich nicht gerade leichter gemacht.
Trotzdem gibt es keinen Grund zum Verzweifeln: Auf den nächsten Seiten erfährst du die besten Tricks und Kniffe, wie du mit den beiden Formen, die schon Generationen von Schülern vor dir mit größter Regelmäßigkeit verwechselt haben, am besten zurechtkommst!

WORAN ERKENNE ICH EIN GERUNDIV?

Das Gerundiv ist – wie das Gerundium – vom Verbum abgeleitet, weist ebenfalls die Buchstaben **-nd-** als Merkmal auf und dekliniert auch nach der A-/O-Deklination:

*ama-**nd**-us 3 – mone**nd**us 3 – dice**nd**us 3 – capie**nd**us 3 – audie**nd**us 3*

Zum Unterschied vom Gerundium handelt es sich beim Gerundiv allerdings um ein VERBALADJEKTIV, das in der Regel mit einem Nomen übereingestimmt ist und daher alle Formen eines Adjektivs (der a-/o-Deklination) annehmen kann.

Wie viele Gerundivformen gibt es von jedem Verbum?

GERUNDIUM	GERUNDIVUM
☆ Vom Verbum abgeleitet ☆ Merkmal: **-nd-**	
☆ ist ein Substantiv → nur Sg. neutral	☆ ist ein Adjektiv → Sg. + Pl., alle drei Geschlechter
☆ steht alleine	☆ ist mit einem Nomen übereingestimmt
BEISPIEL	
(amare), ama**nd**i, ad ama**nd**um, ama**nd**o	Sg. 1. F. ama**nd**us, -a, -um 2. F. ama**nd**i, -ae, -i (etc.)

35 Noch bevor du weißt, wie man ein Gerundiv eigentlich übersetzt, eine Übung zur Unterscheidung von Gerundium und Gerundiv. Bei welchen der folgenden Wortgruppen handelt es sich um ein Gerundium, bei welchen um ein Gerundiv? Beachte dabei, ob die jeweilige -nd- Form übereingestimmt ist oder nicht!

1. ad amicos visitandos
2. ad amicos visitandum
3. libros legendo
4. libris legendis
5. epistulas scribendi causa
6. epistularum scribendarum causa
7. spes epistulam accipiendi
8. spes epistulae accipiendae

VERWENDUNG DES GERUNDIVS

Das Gerundiv kommt in zwei verschiedenen Bedeutungen vor, die sich scheinbar stark voneinander unterscheiden.

1. DAS GERUNDIV IN DER BEDEUTUNG EINES GERUNDIUMS (attributives Gerundiv):

Häufig steht ein mit einem Nomen übereingestimmtes Gerundiv anstelle eines Gerundiums mit Akkusativobjekt (O4):

in basiando puellas = *in basiandis puellis*
↓ ↓
GERUNDIUM 6. F. + O4 (Pl.)   GERUNDIV 6. F. Pl.

Übersetzung: Ist ein Gerundiv mit einem Nomen im 2., 4. oder 6. F. übereingestimmt, bestimme den Fall des Gerundivs und übersetze es wie ein Gerundium (d. h. als Substantiv oder Infinitiv, siehe Seite 55).

in basiandis puellis = **beim Küssen** der Mädchen
ars puellarum basiandarum = die Kunst, Mädchen **zu küssen**

Wie das Gerundium wird dir auch das attributive Gerundiv am häufigsten in Kombination mit **ad** (+ Akkusativ) oder **causa** (dem Genetiv nachgestellt) in finaler Bedeutung unterkommen:

ad puellas basiandas

puellarum basiandarum causa

um die Mädchen **zu** küssen

36 Übersetze das attributive Gerundiv:

1. urbis condendae causa
2. ad meos amicos visitandos
3. ad montem ascendendum
4. pensi scribendi causa
5. ad cenam parandam
6. captivorum liberandorum causa
7. ad manus lavandas

37 Setze die finalen Gerundivkonstruktionen von Übung 36 in die andere Zahl und übersetze dann:

EXEMPLUM: urbis condendae (2.F. Sg.) causa →
urbium condendarum (2.F.Pl.) causa

38 In Übung 35 musstest du herausfinden, ob es sich bei den -nd-Formen um Gerundium oder Gerundiv handelt. Trage nun die Übersetzung für alle diese Wortgruppen in die unten stehende Tafel ein. Was fällt dir dabei auf?

Übersetze die folgenden Sätze, die eines gemeinsam haben: ein attributives Gerundiv!

1. Marcus summo desiderio Iuliae videndae affectus est.
2. Iulius cuncta de puellis basiandis cognoscere vult.
3. Tui basiandi cupidissimus sum.
4. Mihi tempus librorum legendorum deest.
5. Paucissimi discipuli pensis faciendis delectantur.
6. Romulus urbis condendae causa deos consuluisse dicitur.
7. Caesaris milites ad proelium committendum parati erant.
8. In montibus ascendendis Hannibal multas difficultates superare debuit.
9. Senatus de hostibus puniendis consuluit.
10. Pater meus servum ad me educandum idoneum non habuit.
11. Equites ad iter inspiciendum praemissi sunt.
12. Cum Romani celerrime appropinquarent, hostibus tempus armorum capiendorum non fuit.
13. Duo amici consilium tyranni necandi ceperunt.
14. Galli pacis faciendae causa legatos ad Caesarem miserunt.

2. DAS „MÜSSEN"-GERUNDIV (prädikatives Gerundiv)

Oft ist das Gerundiv Teil eines Prädikats, d. h., es bildet gemeinsam mit einer Form des Hilfsverbs **„esse"** das Prädikat eines Satzes. Es drückt dann aus, dass etwas **gemacht werden muss**. Die Person, die etwas tun muss, steht dabei im Dativ *(dativus auctoris)*:

Mihi	*pensum*	*faciendum*	*est.*
↓	↓	↓	↓
Dativus auctoris	Subjekt	Gerundiv + Hilfsverb	
		Prädikat	

☆ Wie übersetze ich ein prädikatives Gerundiv?

Versuche auch hier, wie beim Gerundium und beim attributiven Gerundiv, das Gerundiv zuerst als **Infinitiv** wiederzugeben! Für den Satz oben bedeutet das:

„Mir **ist** die Aufgabe **zu machen**."

Auch wenn dieser Satz noch nicht wirklich deutsch ist, sondern nur ein „Brückensatz" (er bildet sozusagen die „Brücke" zwischen der lateinischen Konstruktion und der endgültigen deutschen Übersetzung), weißt du nun, was er bedeuten soll:

Ich **muss** die Aufgabe machen.

Stelle eine Regel für die Wiedergabe des lateinischen Gerundivs im Deutschen auf! Benütze dabei die folgenden Begriffe:

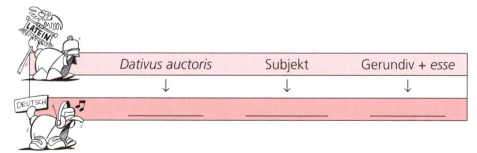

Ist das prädikative Gerundiv verneint, ist es – wie im Englischen (z. B. *you must not do that*) – mit „NICHT DÜRFEN" zu übersetzen:

*Mihi Iulia visitanda **non est**.* = Ich **darf** Julia **nicht** besuchen.

40 Übersetze:

1. Omnibus hominibus aliquando moriendum est.
2. Numquam desperandum est.
3. Magister discipulis dicere solet: „Mens vobis exercenda est."
4. Mihi liber legendus est, at tibi hic liber legendus non est.
5. Patre postulante Marco pensa semper statim facienda sunt.
6. Cum ignis appropinquaret, omnibus civibus urbs relinquenda fuit.
7. Troianis contra Graecos Troiam summa vi oppugnantes fortiter pugnandum erat.
8. Cato maior in senatu dicere solebat: „Karthago delenda est!"

 Ein Gerundiv (z.B. das von Satz 8) kann auch im ACI stehen:

Cato maior in senatu dicere solebat Karthaginem delendam esse.

                                                                                Akk.   Gerundiv + Infinitiv

 Wie lautet die Übersetzung dieses Satzes?

 In vielen Wörterbüchern wird unter den Bedeutungen für das Verbum *navigare* „segeln", „mit dem Schiff fahren", „schiffen" angegeben.

Was benötigt also jemand, der mit gequälter Miene *„Mihi navigandum est!"* ausruft, ganz dringend?

ZUSAMMENFASSUNG: ALLE -ND-FORMEN AUF EINEN BLICK!

	GERUNDIUM	GERUNDIV attributiv	GERUNDIV prädikativ
Merkmal:	-ND-		
Wortart:	Substantiv	Adjektiv	
Formen:	Sg. n.	Sg. + Pl., m./f./n.	
Vorkommen:	2.–6. Fall		1. (4.*) F. + Form von *esse*
Übersetzung:	Substantiv oder Infinitiv		(Infinitiv →) „müssen"

* im ACI

 Unterstreiche die *-nd-*Form, bestimme, um welche es sich handelt (G = Gerundium, AG = attributives Gerundiv, PG = prädikatives Gerundiv) und übersetze:

1. Quintus semper librorum legendorum cupidus est.
2. Paucissimi homines otio ad libros legendos utuntur.
3. Mihi tempus huius libri legendi non fuit.
4. Marco amica visitanda non est, quod nonnullis diebus ante sero domum venerat.
5. Cicero numquam in loquendo erravisse dicitur.
6. Graecis Troia decem annos oppugnanda erat, priusquam oppidum ceperunt.
7. Novem annis peractis Graecis nulla iam spes Troiae expugnandae erat.
8. Graeci a Polyphemo in spelunca inclusi sunt, ubi nemini facultas effugiendi erat.
9. Constat leges neglegendas non esse.
10. Equites ad iter explorandum praemissi sunt.
11. Equitibus iter explorandum fuit.
12. Hannibali multi labores tolerandi erant, dum in Italiam perveniret.

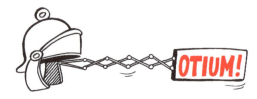

Gerundium und Gerundiv werden häufig mit **Partizipia** verwechselt; halte daher auseinander:

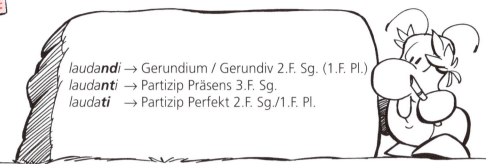

*lauda**nd**i* → Gerundium / Gerundiv 2.F. Sg. (1.F. Pl.)
*lauda**nt**i* → Partizip Präsens 3.F. Sg.
*lauda**ti*** → Partizip Perfekt 2.F. Sg./1.F. Pl.

42 Bilde Gerundiv, Partizip Präsens und PPP zu:

aedificare – docere – agere – aspicere – punire

43 Bestimme und übersetze die folgenden Wortgruppen:

1. ad urbem conditam – ad urbem condendam
2. libris lectis – libris legendis – pueri libros legentis
3. hostibus vincentibus – hostibus victis – hostibus vincendis
4. labores suscepti – labores suscipiendo – laborum suscipiendorum causa
5. epistulas scriptas – ad epistulas scribendas – multae puellae epistulas scribentes
6. in domo nuper aedificata – in domo aedificanda

-nd- gut, alles gut!

Du bist nun am Ende der -nd-Formen (hoffentlich aber nicht mit deinem Latein!) angelangt. Die folgende Bewährungsprobe wirst du sicher leicht bestehen!

1. *Beim Gerundiv, das „müssen" ausdrückt, handelt es sich um das attributive / prädikative Gerundiv.* (Streiche das Nichtzutreffende!) (1 P.)

2. *Die Person, die etwas tun muss, steht im Lateinischen im _____ _____* (Füge den Fall und seine genaue Bezeichnung ein!) (1 P.)

3. *Das Gerundium wird mit einem Substantiv oder einem Infinitiv übersetzt.* (Richtig oder falsch?) (1 P.)

4. *Beim Gerundiv handelt es sich um ein _____ .* (Setze die richtige Wortart ein!) (1 P.)

5. *Das prädikative Gerundiv ist gleichbedeutend mit einem Gerundium + Akkusativobjekt.* (Richtig oder falsch?) (1 P.)

6. *in dormiendo heißt _____* (1 P.)

7. Übersetze: „Ich muss dich küssen" („küssen" = *basiare*): _____ _____ (1 P.)

8. Übersetze: (4 x 1 P.)
   a) *Hic liber legendus non est.*
   b) *Consilium cenae parandae cepi.*
   c) *Gaudio linguae Latinae discendae compleor.*
   d) *Spe tui mox videndi teneor.*

AUSWERTUNG:
12–11 Punkte: *Optime – valde laudandus es!*
10–7 Punkte: *Satis*
weniger als 7 Punkte: *Parum!* – Gerundium und Gerundiv dürften bei dir noch keinen nachhaltigen Eindruck hinterlassen haben – um das zu ändern, solltest du dich mit den letzten Seiten noch einmal eingehend befassen!

ZWEI BRETTLN, A GFÜHRIGER SCHNEE!

Wann steht dein nächster Skiurlaub auf dem Programm? Ein heißer Tipp für die kalte Jahreszeit: Bereite dich schon jetzt gezielt auf die Skisaison vor – und lerne die wichtigsten lateinischen Redewendungen, die für den routinierten Pistenpiloten einfach unverzichtbar sind! Du wirst sehen: Alle werden sich auf der Piste nach dir den Kopf umdrehen (oder ihn zumindest schütteln . . .)

Hier zunächst einige Begriffe, ohne die du bei deinem Start ins lateinische Pistenvergnügen nicht auskommen wirst:

narta, -ae = „Ski"
nartare = „Ski fahren"
nix, nivis f. = „Schnee"
nivalis, -e = „aus Schnee"

Auf den nächsten zwei Seiten findest du eine detailgetreue Darstellung einer ganz alltäglichen Pistenszene. Dass die beteiligten Personen nicht ganz ohne wilde Zu- und Ausrufe auskommen, liegt wohl auf der Hand. Nicht ganz so klar dürfte es – zumindest auf den ersten Blick – sein, was denn die einzelnen Darsteller so von sich geben. Schaffst du es trotzdem, die unten stehenden deutschen Sätze den lateinischen Sprechblasen zuzuordnen? (Vokabel, die dir unbekannt sind, schlage im Index auf Seite 149 ff. nach!) Wenn du die jeweiligen lateinischen Texte neben die deutsche Übersetzung schreibst, erhältst du auf diese Weise eine übersichtliche Zusammenfassung des gängigsten lateinischen Pistenvokabulars!

☆ *Zwei Brettln und a gführiger Schnee, juchee!* (Nr. 7) = Duae nartae et nix lubrica, juchee!

☆ *Du bist eine echte Pistensau!* (Nr. __) = lateinisch: _____
_____

☆ *Jetzt muss ich einen heben gehen!* (Nr. __) = _____
_____

☆ *Gefällt dir mein Schneemann?* (Nr. __) = _____
_____

☆ *Schau, ein Skihaserl!* (Nr. __) = _____

☆ *Ski Heil!* (Nr. __) = _____

☆ *Wohin des Weges?* (Nr. __) = _____

☆ *Nach drei Glühwein fahr' ich viel besser!* (Nr. __) = _____
_____

☆ *Wo ist das WC?* (Nr. __) = _____

☆ *Oh Zeiten, oh Sitten!* (Nr. __) = _____

DENKMÜTZE

Hast du Schwierigkeiten, in der Schule gut hinzuhören und alles zu verstehen?

Die Denkmütze ist besonders vor Unterrichtsbeginn nützlich: Entfalte sanft deine Ohren. Beginne oben und massiere am Ohrrand entlang nach unten. Ziehe sanft an den Ohrläppchen. Wiederhole diese Bewegung von oben nach unten 10-mal. Wenn du gähnen musst, öffne dabei bitte den Mund so weit du kannst.

Wiederholung der Übung: 10-mal

4. DURCHSTART-ÜBUNG

KONJUNKTIV IM HAUPTSATZ

Ein wesentlicher Unterschied zum Konjunktiv im Nebensatz besteht darin, dass der Konjunktiv im Hauptsatz auf jeden Fall **übersetzt werden muss**. Wie, erfährst du durch die folgende Übersicht:

Was drückt der K. aus?	Wie übersetze ich ihn?	Beispiel:
KONJUNKTIV PRÄSENS		
BEGEHREN / WUNSCH	„soll", „möge"; Konj. 1*	Das Los *soll / möge* entscheiden!
AUFFORDERUNG	**„lasst uns", „wir wollen"** (bei der 1.P. Pl.)	*Lasst uns / wir wollen* ins Kino gehen!
ZWEIFELNDE FRAGE	**„soll"** (bei der 1.P.)	Was *soll* ich tun?
MÖGLICHKEIT	**„könnte"**	Es *könnte* regnen.
KONJUNKTIV IMPERFEKT		
UNMÖGLICHKEIT in der Gegenwart (Irrealis)	Konj. 2* oder Umschreibung mit **„würde"**	Ich *würde* mich freuen.
unerfüllbarer WUNSCH (mit *utinam* eingeleitet)		Wenn du doch da *wärest*!
KONJUNKTIV PERFEKT		
MÖGLICHKEIT	**„könnte"**	Es *könnte* regnen.
(+ *ne*:) VERBOT	verneinter Befehl	*Tu* das *nicht*!
KONJUNKTIV PLUSQUAMPERFEKT		
UNMÖGLICHKEIT in der Vergangenheit (Irrealis)	**„wäre" / „hätte"** + Mittelwort der Vght.	Ich *hätte* mich *gefreut*.
unerfüllter WUNSCH (mit *utinam* eingeleitet)		Wenn ich doch *aufgepasst hätte*!

* siehe Seite 105

Achte auf die Verneinung der Konjunktive:

Ne *tam magna voce clamaveris!* = Schrei nicht so laut! (Verbot → NE)
Non *tam magna voce clamaveris.* = Du könntest nicht so laut schreien (wie Nachbars Baby). (Möglichkeit → NON)

Bei der folgenden Übung brauchst du kein einziges lateinisches Wort zu übersetzen, trotzdem kannst du die Verwendung des Konjunktivs im Lateinischen trainieren!
Gib jeweils an, welcher Konjunktiv im Lateinischen bei folgenden Sätzen stehen müsste und begründe deine Ansicht:

EXEMPLUM: Erzähl' mir keinen Unsinn! → **Konj. Perfekt (Verbot)**

1. Sollen wir wirklich Latein übersetzen? (→ Konj. _____)

2. Ja, aber wir könnten statt Cäsar einen lateinischen Asterix lesen!
   (→ Konj. _____)

3. Wenn meine Vokabelkenntnisse nicht so miserabel wären, würde ich auf jede Arbeit ein „Sehr gut" bekommen. (→ Konj. _____)

4. Wenn doch der Lehrer meinen Schummelzettel nicht gefunden hätte!
   (→ Konj. _____)

5. Wenn ich nicht das Buch „Durchstarten in Latein" gekauft hätte, hätte ich auch auf die letzten Arbeiten jeweils ein „Nicht genügend" bekommen. (→ Konj. _____)

6. Wer könnte das Gegenteil behaupten? (→ Konj. _____)

45 Übersetze die folgenden Sätze und gib an, was der Konjunktiv ausdrückt:

1. Utinam plus didicissem!
2. Ne nos in rebus adversis reliqueritis!
3. Ne Marcus me visitet!
4. Quid tibi respondeam?
5. Quis neget Socratem philosophum sapientissimum fuisse?
6. Cur Marcum invitemus, qui nos non invitavit?
7. Utinam magister aeger esset!
8. Ne credideris te ceteris prudentiorem esse!
9. Fiat lux, et fit lux.
10. Ne animo defeceris! Te semper et ubique adiuvabimus.
11. Num domi maneamus, quamquam caelum serenum est?
12. Si Troiani verbis Laocoontis obtemperavissent, eorum urbs a Graecis non expugnata esset.
13. Utinam Troiani verbis Laocoontis paruissent!
14. Nemo dixerit Neronem bonum imperatorem fuisse.
15. Nemo dicat Neronem bonum imperatorem fuisse. *(2 Möglichkeiten!)*
16. Hac occasione libenter fruar!

Was bedeutet der folgende Satz, und wie könnte er Lateinisch noch ausgedrückt werden?

Quis hoc neget? = Quis hoc _____?

Übersetzung: _____

46 Übersetze die Sätze auf der rechten Tafel und stelle durch Pfeile die richtige Zuordnung her!

Aufforderung	*Utinam ne sero venissem!*
Möglichkeit	*Numquam sine te esse possim.*
unerfüllter Wunsch	*Quid dicam?*
Verbot	*Nisi plueret, ambularemus.*
zweifelnde Frage	*Pauperes adiuvemus.*
Irrealis der Gegenwart	*Ne tam pigri fueritis!*

47 Herrje – den folgenden Sätzen sind ihre Konjunktive abhanden gekommen! Zum Glück hat sie Constructivus wieder gefunden. Du brauchst sie also nur mehr richtig aufzuteilen. Wenn dir das gelungen ist, darfst du die Sätze zur Belohnung übersetzen . . .

1. Utrum hoc anno in Italiam migremus aut domi _____ ?

2. Tibine _____, quid heri fecerim?

3. Si quis vestrum aliquid de bello Troiano sciat, _____ !

4. Magistro _____, ne iratus sit.

5. Utinam ne Troiani equum ligneum in urbem _____ !

6. Ne _____, sed tace!

7. Te valde desiderarem, si a me _____ .

74

Möglicherweise stehst du mit der Möglichkeitsform im Hauptsatz ohnehin nicht mehr auf dem Kriegsfuß – sicherheitshalber solltest du das aber anhand dieses Tests doch noch überprüfen!

1. *Das deutsche Modalverb „könnte" kann im Lateinischen durch zwei verschiedene Konjunktive wiedergegeben werden: durch den Konj. _____ und den Konj. _____ (2 P.)*

2. *Ein unerfüllbarer Wunsch wird im Lateinischen durch utinam + Konjunktiv Imperfekt / Plusquamperfekt ausgedrückt (streiche das Nichtzutreffende!) (1 P.)*

3. *Der Konj. Perfekt hat in Hauptsätzen Vergangenheitsbedeutung / keine Vergangenheitsbedeutung (streiche das Nichtzutreffende!) (1 P.)*

4. *Gib an, durch welche lateinischen Konjunktive die folgenden Sätze im Lateinischen wiedergegeben werden müssen:* (6 x 1 P.)

    a) *Wir würden uns freuen* = _____

    b) *Wer könnte das bezweifeln?* = _____

    c) *Ich hätte große Lust gehabt* = _____

    d) *Was soll ich dazu sagen?* = _____

    e) *Dreh dich nicht um!* = _____

    f) *Wenn doch der Test schon zu Ende wäre!* = _____

5. *Utinam bedeutet „ _____ "* (1 P.)

6. *Ein Verbot wird im Lateinischen nicht durch den verneinten Imperativ, sondern durch ___ + Konjunktiv _____ ausgedrückt.* (1 P.)

AUSWERTUNG:
12–11 Punkte: *Optime!*
10–7 Punkte: *Satis*
weniger als 7 Punkte: *Parum!* – Leider musst du dir vor dem nächsten Kapitel noch eine zusätzliche Konjunktiv-Lektion gönnen – zurück zu Seite 71!

KONJUNKTIV IM GLIEDSATZ

Der Konjunktiv kommt in lateinischen Gliedsätzen wesentlich häufiger vor als in deutschen, da es im Lateinischen mehrere Bindewörter gibt, die den Konjunktiv „verlangen", ohne dass man ihn im Deutschen unbedingt übersetzen muss.

CONSECUTIO TEMPORUM

Welcher der vier Konjunktive im Gliedsatz wann steht, ist im Lateinischen fix geregelt. Die Summe dieser Regeln bezeichnet man als **Consecutio Temporum** („Zeitenfolge"). Die folgende Tabelle solltest du im Schlaf (aber auch bei vollem Bewusstsein) beherrschen:

Haupt-satz ↓ Neben-satz →	GLEICHZEITIG	VORZEITIG	NACHZEITIG*
HAUPTZEIT (Präsens, Futur)	Konj. PRÄSENS	Konj. PERFEKT	-urus 3 sim, sis … sint**
NEBENZEIT (Impf., Perf., PlQPf.)	Konj. IMPERFEKT	Konj. PLQUPF.	-urus 3 essem, esses … essent**

* Die Nachzeitigkeit wird im Lateinischen nur in wenigen Gliedsätzen ausgedrückt (z.B. in indirekten Fragesätzen und in *quin*-Sätzen).

** Die Formen *-urus sim* bzw. *-urus essem* sind Umschreibungen des Futurs (d.h. eine Art „Futurkonjunktiv").

Fülle die folgenden Lücken aus:

a) Hauptsatz Futur, Nebensatz vorzeitig → Konj. _____

b) Hauptsatz Perfekt, Nebensatz _____zeitig → *-urus essem*

c) Hauptsatz Präsens, Nebensatz gleichzeitig → Konj. _____

d) Hauptsatz Imperfekt, Nebensatz _____zeitig → Konj. Imperfekt

WOZU BRAUCHE ICH DIE CONSECUTIO TEMPORUM?

Aus der Tabelle auf der vorigen Seite kannst du ablesen, welches **Zeitverhältnis** (siehe dazu Seite 33 ff.) zum Hauptsatz die einzelnen Konjunktive ausdrücken. Wenn du vom Lateinischen ins Deutsche übersetzt, kannst du folglich aus der Art des Konjunktivs erkennen, ob die Handlung eines Gliedsatzes **gleichzeitig** mit der Handlung des Hauptsatzes passiert oder **vor** bzw. **nach** ihr liegt. Dieses zeitliche Verhältnis musst du bei der deutschen Übersetzung wiedergeben.

Nimm die Tabelle auf Seite 76 zu Hilfe!

Gleichzeitigkeit wird durch die Konjunktive _____ und _____

ausgedrückt, Vorzeitigkeit durch die Konjunktive _____ und

_____ .

Der Gliedsatz ist _____ zeitig zum Hauptsatz; dieser steht im

_____ (Zeit).

WIE ÜBERSETZE ICH DEN KONJUNKTIV IN EINEM LATEINISCHEN GLIEDSATZ?

Als Faustregel für den Umgang mit der Consecutio temporum gilt: Du kannst den lateinischen Konjunktiv im Gliedsatz **mit der Zeit, in der er steht**, übersetzen (z.B. Konjunktiv Imperfekt als Indikativ Imperfekt, Konjunktiv Plusquamperfekt als Indikativ Plusquamperfekt etc.). Ob eine Übersetzung als Konjunktiv möglich ist, kannst du deinem „Gefühl" überlassen (in manchen Gliedsätzen **darf** der Konjunktiv **nicht** übersetzt werden, vergleiche dazu die Tabelle auf der rechten Seite):

EXEMPLA:

☆ **Hauptsatz PRÄSENS:**

*Marcus scire **vult**, quid canis*		Markus **will** wissen, was sein Hund
fecerit. (K. Perfekt)	vz.	gemacht hat. (Ind. Perfekt)
faciat. (K. Präsens)	glz.	macht. (Ind. Präsens)
facturus sit.	nz.	machen wird. (Futur)

☆ **Hauptsatz PERFEKT:**

*Marcus scire **voluit**, quid canis*		Markus **wollte** wissen, was sein Hund
fecisset. (K. PlQPf.)	vz.	gemacht hatte (Ind. PlQPf.) / habe.
faceret. (K. Imperfekt)	glz.	machte (Ind. Imperfekt) / mache.
facturus esset.	nz.	machen werde.

FÜR WELCHE GLIEDSÄTZE GILT DIE CONSECUTIO TEMPORUM?

Die Consecutio temporum gilt für die meisten lateinischen Gliedsätze mit Konjunktiv:

Nicht gilt die Zeitenfolge für die Kondizionalsätze (**si-Sätze**, siehe Seite 99 ff.), die sich nach den Regeln des Konjunktivs im Hauptsatz richten.

Ob der Konjunktiv im Nebensatz als Konjunktiv oder Indikativ übersetzt wird, hängt vom Einleitewort ab: in *CUM*-Sätzen **darf** er **nicht**, in *UT*-Sätzen (Ausnahme: Konsekutivsätze) und INDIREKTEN FRAGESÄTZEN **kann** er übersetzt werden:

Der Konjunktiv		
MUSS	**KANN**	**DARF NICHT**
übersetzt werden in:		
☆ HAUPTsätzen ☆ *SI*-Sätzen	☆ FINALsätzen ☆ BEGEHRsätzen ☆ INDIREKTEN FRAGEsätzen	☆ *CUM*-Sätzen ☆ KONSEKUTIV-Sätzen

UT-SÄTZE

Die **konjunktivischen** *ut*-Sätze richten sich nach der Consecutio temporum (siehe Seite 76) und sind in der Regel gleichzeitig.

Welche Konjunktive können daher in *ut*-Sätzen nur vorkommen?

UT + KONJUNKTIV

a) „DASS"	b) „DAMIT" („um zu")	c) „(SO)DASS"
„dass nicht" = *ne*	„damit nicht" = *ne*	„(so)dass nicht" = *ut non*
Begehr-*UT*	Zweck-*UT* (final)	Folge-*UT* (konsekutiv)
Der Konjunktiv KANN übersetzt werden.		Der Konjunktiv DARF NICHT übersetzt werden.

EXEMPLA:

*Asterix a Cantorige petit, **ut** taceat.*
= Asterix bittet Troubadix, **dass** er schweigt (schweige).

*Asterix a Cantorige petit, **ne** cantet.*
= Asterix bittet Troubadix, **dass** er **nicht** singt (singe).

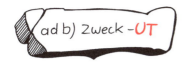

Obelix in silvam properat, **ut** *cippos colligeret.*
= Obelix eilt in den Wald, **damit** er Hinkelsteine sammelt (**um** . . . **zu** sammeln).

Obelix in silvam properat, **ne** *carmina Cantorigis audiat.*
= Obelix eilt in den Wald, **damit** er **nicht** die Gesänge des Troubadix hört (um nicht . . . zu hören).

Cantorix tam horride cantat, **ut** *cuncti Galli fuga salutem petant.*
= Cantorix singt so grauenvoll, **dass** alle Gallier die Flucht ergreifen.

Cantorix tam horride cantat, **ut** *vicani dormire non possint.*
= Cantorix singt so grauenvoll, **dass** die Dorfbewohner nicht schlafen können.

Als „Signalwort" für einen konsekutiven *ut*-Satz wirst du im Hauptsatz meistens einen **„SO"-Begriff** finden. Welche lateinischen Wörter mit der Bedeutung „so" kennst du?

dt. „so" = lat. _____

Verwende nach Möglichkeit für die Übersetzung von begehrenden und finalen *UT*-Sätzen eine Infinitivkonstruktion statt eines „dass"- bzw. „damit"-Satzes!

Asterix a Cantorige petit, ne cantet.
= Asterix bittet Troubadix, (dass er nicht singt =) **nicht zu singen**.

48 Übersetze und gib an, um welches *ut* (Begehr-, Zweck- oder Folge-*ut*) es sich handelt!

1. Pater liberis imperat, ut matrem adiuvent. Eo modo se ipsum quieti dare potest. (_____ -ut)
2. Magister optat, ut discipuli vocabula melius discant. (_____ -ut)
3. Quintus vocabula bene discit, ne a magistro vituperetur. (_____ -ut)
4. Quintus vocabula bene didicit, ut a magistro non vituperaretur. (_____ -ut)
5. Pater medicum advocavit, ut filium gravi morbo affectum sanaret. (_____ -ut)
6. Romam migravimus, ut Amphitheatrum Flavium, Circum Maximum, alia monumenta praeclara visitaremus. (_____ -ut)
7. Mare tam turbidum (*„stürmisch"*) fuit, ut navem conscendere non possemus. (_____ -ut)
8. Hostes fugae se mandaverunt, ne caperentur. (_____ -ut)
9. Iam saepe a te petivi, ut mihi epistulam dares, sed numquam respondisti. (_____ -ut)
10. Parentibus non obtemperans Lucius nocte clam domo discessit, ut amicam peteret. (_____ -ut)

Nach AUSDRÜCKEN DES FÜRCHTENS (*timere, vereri, metuere* etc.) bedeutet
☆ **NE** = „DASS"
☆ **NE NON** (oder **UT**) = „DASS NICHT"

*Ich fürchte, dass ich zu spät komme!

49 Übersetze:

1. Hercules tanta vi corporis fuit, ut etiam Cerberum aliaque monstra horrida domaret.
2. Laocoon sacerdos Troianis suasit, ne equum ligneum in urbem traherent.
3. Athenienses cuncta paraverunt, ut urbem ab hostibus appropinquantibus defenderent.
4. Damon Dionysium necare studuit, ut patriam ab illo tyranno liberaret.
5. Diogenes philosophus tanta turpitudine fuit, ut ab omnibus despiceretur.
6. Xerxes, rex Persarum, pontem in Hellesponto fecit, ut copias in Europam traduceret.
7. Imperator omnia summa diligentia paravit, ne milites Romani ab hostibus opprimerentur.
8. Omnibus senatoribus imperatum est, ut de ea re tacerent.
9. Imperator tanta prudentia erat, ut dolis hostium non deciperetur.
10. Caesar ante pugnam milites hortatus est, ut fortissime pugnarent.
11. Marcus Aurelius castra ad Danuvium sita firmavit, ne Germani irrumperent.
12. Maiestix nihil timet, nisi (= „außer") ne caelum in caput cadat.

Das Reflexivpronomen *(sui, sibi, se)* bezieht sich in finalen und begehrenden *ut*-Sätzen (und auch in indirekten Fragesätzen) meistens auf das Subjekt im übergeordneten Satz (**INDIREKTES REFLEXIV**, vergleiche den ACI, Seite 38)

*Dionysius tyrannus filias suas rogabat, ut **sibi** barbam tonderent.*

= Der Tyrann Dionysius bat seine Töchter, dass sie **ihm** (nicht: sich!) den Bart scheren sollten.

50 Übersetze:

1. Marcus a Iulia petit, ut sibi tandem epistulam det et se quam primum visitet.

2. Iulia a Marco petit, ut sui quam celerrime obliviscetur neque iam sibi epistulas det.

3. Paulus a Marco petivit, ut ad se veniret.

51 Bei den folgenden *ut*-Sätzen hast du jeweils drei Prädikate zur Auswahl – welches ist das richtige?

1. Valde optavimus, ut nos _____ (visitetis / visitatis / visitaretis).

2. A te peto, ut me in penso faciendo _____ (adiuves / adiuvas / adiuvisses).

3. Ut tibi iam saepe _____ (dicam / dicebam / dicerem), sine te vivere non possum.

4. Tempestas tam mala erat, ut domi manere _____ (constituamus / constituemus / constitueremus).

Mit dem (M)*UT* der Verzweiflung . . .

Armer Destructivus! Nicht nur, dass er in der Schule wenig Erfolg hat – dasselbe gilt auch für seinen Umgang mit dem anderen Geschlecht! Julia beispielsweise hat er im letzten Sommer in Rom kennen gelernt, doch seit damals hat er nichts mehr von ihr gehört – und das, obwohl er ihr schon zahllose Briefe geschrieben hat! Nun probiert er es in seiner Verzweiflung ein letztes Mal – ob sie von seinem Brief, der gezählte 13 „*ut*" enthält, beeindruckt ist? Übersetze seinen Brief!

Destructivus Iuliae salutem dicit.

Ut tibi iam tam saepe scripsi, te solam amo. Non es puella ut ceterae puellae! Ut te aestate superiore primum Romae vidi, putavi me fulmine ictum („getroffen") esse! Nonne ego quoque tibi placui? Sed vae! Quamquam mensibus proximis iterum atque iterum te rogavi, ut mihi litteras dares, non respondisti. Sed fortasse epistulas scribere aut non vis aut non scis? Utcumque res se habet, nunc consilium cepi, quod tibi sine dubio placebit: Te invito, ut me Viennae visites! Nonne hoc consilium tibi placet? Ita denique fieri posset, ut conveniamus! Veni, ut manus tenentes per urbem ambulare possimus! Ceterum urbs tam pulchra est, ut tibi sine ullo dubio maxime placeat. Etiam theatrum petamus, ut alicui spectaculo intersimus. Id solum vereor, ne parentes te itinere prohibeant. Tamen veni quam celerrime, ne te diutius exspectare debeam! Nam semper tui memor sum, ut numquam antea ullius puellae memor fui.
Ut vides, iam paene insanus sum: „Amantes amentes" (amens, -entis „verrückt", erg. sunt), ut poeta dicit . . .

Cura, ut valeas!

CUM-SÄTZE

Auch *cum* kann – je nach Bedeutung – mit dem Indikativ oder dem Konjunktiv verbunden sein. Der Konjunktiv in *cum*-Sätzen **darf nicht** übersetzt werden!

cum + KONJUNKTIV

a) „ALS", „NACHDEM", „WÄHREND"	b) „WEIL"	c) „OBWOHL"
erzählend (narrativ)	begründend (kausal)	einräumend (konzessiv)

cum-Sätze sind entweder gleich- oder vorzeitig. Du musst daher beim Übersetzen besonders auf die Art des Konjunktivs achten.

Welche Konjunktive drücken die Gleich- , welche die Vorzeitigkeit aus? (Vergleiche dazu die Consecutio Temporum auf Seite 76!)

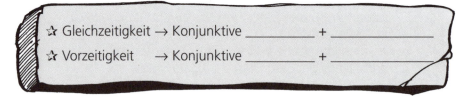

☆ Gleichzeitigkeit → Konjunktive _____ + _____
☆ Vorzeitigkeit → Konjunktive _____ + _____

Welche Bedeutung des narrativen *cum* drückt auf jeden Fall die Gleichzeitigkeit, welche immer die Vorzeitigkeit aus?

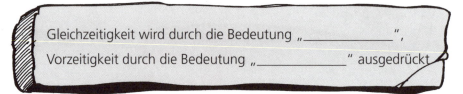

Gleichzeitigkeit wird durch die Bedeutung „_____",
Vorzeitigkeit durch die Bedeutung „_____" ausgedrückt

EXEMPLA:

Cum Claudia amica abesset, Marcus Iuliam ad cenam invitavit.
= **Während (als)** seine Freundin Claudia nicht da war, lud Markus Julia zu sich zum Essen ein.

ZEITVERHÄLTNIS: _____zeitig

Cum Claudia revenisset, Marcus dixit se nullo die domo discessisse.
= **Nachdem (als)** Claudia zurückgekommen war, behauptete Markus, an keinem Tag das Haus verlassen zu haben.

ZEITVERHÄLTNIS: _____zeitig

Marcus Claudiae dicit: „Cum amica mea sis, solum tui semper memor sum!"
= Markus sagt zu Claudia: „**Weil** du meine Freundin bist, denke ich immer nur an dich!"

ZEITVERHÄLTNIS: _____zeitig

Dass es sich um ein konzessives *cum* handelt, ist oft am „Signalwort" **tamen** („dennoch") zu erkennen, das im übergeordneten Satz steht.

Cum Marcus cenam ipse parare vellet, (tamen) Iulia invitationem accepit.
= **Obwohl** Markus selbst das Essen zubereiten wollte, nahm Julia (dennoch) die Einladung an.

ZEITVERHÄLTNIS: _____zeitig

Welche Bedeutung bei *cum* + Konjunktiv die richtige ist, kannst du nur aus dem **SATZZUSAMMENHANG** erkennen! Als Erstübersetzung ist **„als"** meistens recht brauchbar.

52 Anhand des folgenden Satzes siehst du, dass ein und derselbe lateinische Satz mehrere Übersetzungsmöglichkeiten zulässt, die einen ganz unterschiedlichen Sinn ergeben. Versuche die passenden deutschen Bindewörter herauszufinden!

Cum magister de antiquis Romanis narraret, cuncti discipuli bene dormiebant.

= _____ /_____ /_____ /_____ der Lehrer über die alten Römer erzählte, schliefen alle Schüler gut.

 Die Konjunktion **cum** steht, wie auch andere Konjunktionen, im Lateinischen oft nicht an der Spitze des Satzes. In der Übersetzung muss sie aber nach vorne gereiht werden:

Marcus, cum aeger sit, in lecto manet.

FALSCH: Markus, weil er krank ist, bleibt im Bett.
RICHTIG: Weil Markus krank ist, bleibt er im Bett.

53 Übersetze und finde heraus, um welches *cum* es sich handelt!

1. Cicero, cum coniurationem Catilinae patefecisset, a populo maxime celebrabatur. (*cum*: _____)
2. Cum pater nos de itinere interrogavisset, ei cuncta narravimus. (*cum*: _____)
3. Caesar, cum a senatu in Galliam missus esset, paucis annis cunctas civitates huius regionis superavit. (*cum*: _____)
4. Cum milites fortissime pugnarent, urbs ab impetu hostium servata est. (*cum*: _____)
5. Cum incendium urbem Romam vastaret, Nero de excidio (excidium, -i „Untergang") Troiae cecinisse dicitur. (*cum*: _____)
6. Nero, cum Roma incendio vastata esset, cives variis modis adiuvare conatus est. (*cum*: _____)
7. Britanni, cum de adventu Caesaris audivissent, primum in silvas se abdiderunt. (*cum*: _____)
8. Socrates, cum ab Atheniensibus iniuria capitis damnatus esset, tamen legibus obtemperans vita decessit. (*cum*: _____)
9. Cum Helena a Paride Troiano rapta esset, Graeci Agamemnone duce exercitum comparaverunt magnaque classe Troiam petiverunt. (*cum*: _____)
10. Cum plebs in montem Sacrum secessisset, Menenius Agrippa a patribus eo missus est. Qui cum magna facundia esset, plebem facile oratione commovit, ut Romam rediret. (1. *cum*: _____ ; 2. *cum*: _____)
11. Cum Hannibal imperator bello Punico secundo Carthaginem revocatus esset, Scipio Carthaginienses apud Zamam vicit. (*cum*: _____)

54 Bei dem folgenden Text über den berühmt-berüchtigten Tyrannen von Syrakus, Dionysius (ja, den, der über dem Kopf seines Freundes das berühmte „Damokles-Schwert" baumeln ließ . . .), haben sich einige Prädikate absentiert. Füge sie ein und übersetze den Text!

Aus diesen Prädikaten kannst du auswählen:

interrogavisset, essem, cognovisset, sequatur, sublatus esset, regnaret

Cum Dionysius tyrannus Syracusis (Syracusae, -arum) _____ civesque vehementer opprimeret, tota civitas optavit, ut ille tolleretur. Iam plurimis civibus interfectis tamen mulier quaedam cottidie pro eius salute orabat. Quod cum Dionysius _____, feminam ad se vocavit. Cum eam _____, cur id faceret, illa sine metu respondit:

„Cum puella _____ , tyrannus urbem regebat. Tum oravi, ut ab illo liberaremur. Sed illo necato peior arcem occupavit. Cum ille quoque _____ , sicut oraveram, tu novus dominus factus es, qui multo peior es quam superiores. Itaque pro salute tua oro, ne peior te _____."

55 **Witz lass nach . . .**

Du wirst es nicht glauben, aber es gibt sogar lateinische Witze! Hier eine Kostprobe:

Ab quodam homine stulto amicus petivit, ut duas servas XX annorum sibi emeret. Paulo post ille revertit et „Cum is," inquit „qui servas vendebat, tales, quales voluisti, non haberet, unam XL annorum tibi emi!"

Die folgende Frage ist übrigens kein Witz: Um welches *cum* handelt es sich in diesem Text?

ZAUBERPUNKT

**Du fühlst dich nicht wohl?
Es stresst dich, lernen zu müssen?
Du hast Heißhunger auf Süßes?**

Die Energie deines Körpers ist zu niedrig. Da hilft dir der Zauberpunkt:
Du legst zwei Finger der linken Hand auf die Innenseite des rechten Handgelenks. Diesen Punkt massierst du 2-mal täglich 4 bis 12 Minuten und immer dann, wenn es dir nicht gut geht. Du wirst merken, wie das funktioniert. Wenn du an dieser Stelle die Energie aktivierst, verzichtet dein Körper auch freiwillig auf Süßigkeiten. Süßigkeiten sind Energiefresser!

Dauer der Übung: 4 bis 12 Minuten

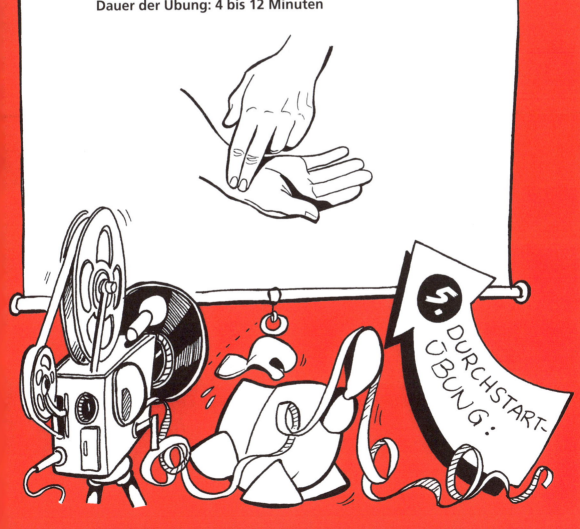

KONJUNKTIVISCHE RELATIVSÄTZE

Lateinische Relativsätze haben fallweise einen „Nebensinn", d. h., in ihnen schwingt die Bedeutung eines *ut*- oder *cum*-Satzes mit. Um auf diesen Nebensinn hinzuweisen, stehen sie dann (wie eben die *ut*- oder *cum*-Sätze) im Konjunktiv nach der Consecutio temporum.

KONSEKUTIVE RELATIVSÄTZE (QUI = UT IS)

Der Konjunktiv wird – wie auch sonst in Konsekutivsätzen – **nicht** übersetzt. Zu erkennen sind konsekutive Relativsätze oft am Signalwort „so" (lat. *tam* etc.) im Hauptsatz. Fehlt dieses, kannst du zur Probe **„so (beschaffen), dass"** einfügen.

Quis est tam audax, **qui** *cenam a me paratam capere audeat?*
= Wer ist so kühn, **dass** er ein von mir zubereitetes Essen zu verzehren wagt?

Du solltest dir vor allem folgende Wendungen merken:

> **sunt, qui . . .** = „es gibt welche, die . . ."
> **nemo est, qui . . .** = „es gibt niemanden, der . . ."
> **quis est, qui . . .** = „wen gibt es, der . . ."
> **non est, quod . . .** = „es gibt keinen Grund (zu) . . ."

FINALE RELATIVSÄTZE (QUI = UT IS)

Sie drücken einen **Zweck** oder eine **Absicht** aus. Bei der Übersetzung wird dies durch das Modalverb **„soll(te)"** zum Ausdruck gebracht.

Amicos invitavi, **qui** *cenam a me paratam caperent.*
= Ich habe Freunde eingeladen, die das von mir zubereitete Essen verzehren **sollten**.

KAUSALE RELATIVSÄTZE (QUI = CUM IS)

Sie enthalten eine **Begründung**. Der Konjunktiv wird **nicht** übersetzt.

Stultus es, **qui** *cenam a me paratam capias.*
= Du bist dumm, **der (da) du** das von mir zubereitete Essen verzehrst.

56. Kausal, konsekutiv, final – alles ist relativ!

Versuche bei der folgenden bunten Mischung aus konjunktivischen Relativsätzen den Nebensinn jedes Relativsatzes herauszufinden!

1. Iuva nos, qui te saepe iuverimus! (*Nebensinn*: kausal)

2. Non is sum, qui amicos meos destituam. (destituo 3 „im Stich lassen") (*Nebensinn*: _____)

3. Praeter te nemo est, qui hoc sciat. (*Nebensinn*: _____)

4. Sunt, qui putent se omnia scire. (*Nebensinn*: _____)

5. Nemo erat, qui hoc crederet. (*Nebensinn*: _____)

6. Stultus es, qui hoc credas. (*Nebensinn*: _____)

7. Quis est tam sapiens, qui cuncta sciat? (*Nebensinn*: _____)

8. Non habeo, quod tibi narrem. (*Nebensinn*: _____)

9. Rex aptus non fuit, qui regnaret. (*Nebensinn*: _____)

10. Athenienses Socratem capitis damnaverunt, qui iuventutem corrupisset deosque despexisset. (despicere „verachten") (*Nebensinn*: _____)

11. Legamus libros, qui nobis usui sint! (*Nebensinn*: _____)

12. Caesar milites secum in Britanniam duxit, qui incolas illius terrae adhuc ignotae domarent. (*Nebensinn*: _____)

13. Graecis Troiam occupantibus paucissimi Troiani fuerunt, qui fugere possent. (*Nebensinn*: _____)

INDIREKTE FRAGESÄTZE

Indirekte Fragesätze werden eingeleitet wie direkte Fragen, sind aber von einem übergeordneten Verbum des Fragens oder Wissens abhängig. Sie sind daher keine Haupt-, sondern Gliedsätze:

DIREKT: Agrippina fragt ihren Sohn Nero: „Wann bist du gestern nach Hause gekommen?!"

INDIREKT: Agrippina fragt ihren Sohn Nero, wann er gestern nach Hause gekommen ist (sei).

Indirekte Fragesätze stehen im Lateinischen immer mit dem **Konjunktiv**, im Deutschen meist mit dem **Indikativ**:

*Dic mihi, quando heri domum **veneris**!* (→ Konjunktiv)
= Sag mir, wann du nach Hause **gekommen bist**! (→ Indikativ)

a) Um welchen Konjunktiv handelt es sich bei *veneris*?

b) Wieso muss hier gerade dieser Konjunktiv stehen? Vergleiche dazu Seite 76!

Indirekte Fragesätze können **gleich-**, **vor-** oder **nachzeitig** sein. Du musst beim Übersetzen also besonders auf die Konjunktive achten, da sie dir das jeweilige Zeitverhältnis zum Hauptsatz angeben (vgl. dazu die Consecutio temporum auf Seite 76!):

☆ HAUPTSATZ Zeitstufe **Präsens**:

HAUPTSATZ	INDIREKTER FRAGESATZ	ZEITVERHÄLTNIS
Mater me **rogat**, Mutter fragt mich,	*quid heri* **fecerim**. (Konj. Perfekt) was ich gestern getan habe.	(→ **vor**zeitig)
	quid hodie **faciam**. (Konj. Präsens) was ich heute mache.	(→ **gleich**zeitig)
	quid cras **facturus sim**. was ich morgen tun werde.	(→ **nach**zeitig)

☆ HAUPTSATZ Zeitstufe **Vergangenheit**:

HAUPTSATZ	INDIREKTER FRAGESATZ	ZEITVERHÄLTNIS
Mater me **rogavit**, Mutter fragte mich,	*quid heri* **fecissem**. (Konj. PlQPf.) was ich gestern getan hatte / hätte.	(→ **vor**zeitig)
	quid hodie **facerem**. (Konj. Imperfekt) was ich heute mache / machte.	(→ **gleich**zeitig)
	quid cras **facturus essem**. was ich morgen tun werde / würde.	(→ **nach**zeitig)

57 Übersetze und bestimme das Zeitverhältnis:

1. Nondum scimus, ubi hanc aestatem acturi simus.
   (→ Zeitverhältnis **nach**zeitig)

2. Iulia Marco epistulam dedit, sed non scripsit, quando ventura esset, ut eum visitaret.
   (→ Zeitverhältnis _____zeitig)

3. Dic mihi, quid factura sis!
   (→ Zeitverhältnis _____zeitig)

4. Dicite nobis, quando nos visitaturi sitis!
   (→ Zeitverhältnis _____zeitig)

5. Nescivi, quando Romam migraturi essetis.
   (→ Zeitverhältnis _____zeitig)

6. Nunc intellego, cur domi manseritis.
   (→ Zeitverhältnis _____zeitig)

7. Magister a me quaesivit, cur vocabula non didicissem.
   (→ Zeitverhältnis _____zeitig)

8. Scisne, quo dolo Graeci Troiam expugnaverint?
   (→ Zeitverhältnis _____zeitig)

9. Scisne, quam diu heri dormiverim?
   (→ Zeitverhältnis _____zeitig)

10. Imperator Romanus, cum audivisset, quid duces hostium facere constituissent, quem numerum militum haberent, quando castra Romanorum oppugnaturi essent, quam celerrime copias suas coegit, ut eorum impetum repelleret.

*Rogo te, **num** tua soror pulchra sit (= tua**ne** soror pulchra sit).*
= Ich frage dich, ob deine Schwester hübsch ist.

*Nescis, **utrum** tua soror pulchra sit necne.*
= Du weißt nicht, ob deine Schwester hübsch ist oder nicht.

Wie werden die drei genannten Fragepartikel in der **direkten** Frage übersetzt?

-ne: _____   num: _____   utrum: _____

58 Den indirekten Fragesätzen sind die Prädikate abhanden gekommen! Bist du imstande, die richtigen ausfindig zu machen?

Hier die Verben, zwischen denen du die Qual der Wahl hast:

venissem – credam – fecisset – sint – expugnata sit – migraturi simus – gauderem.

1. Nescio, cur tibi _____ , qui iam saepe falsa dixeris.
2. Mater, cum intellexisset, quando heri domum _____ , valde irata erat.
3. Nondum scimus, utrum hac aestate in Graeciam an in Italiam

   _____ .

4. Magister a Quinto quaesivit, cur pensum non _____ .
5. Multi homines beati non sunt neque sciunt, cur tristes

   _____ .

6. Dic mihi, quomodo Troia _____ !
7. Cum me invitares, nescivi, utrum _____ necne.

59 Die folgende Geschichte könnte für dich in zweierlei Hinsicht von Nutzen sein: Erstens erfährst du, wie man direkten Fragen, die dir die Eltern nach deiner vorangegangenen Abendgestaltung stellen, erfolgreich ausweicht, zweitens übst du, wie man indirekte Fragen, die dich bisher vor unlösbare Probleme stellten, ebenso erfolgreich ins Deutsche übersetzt.

1. Marcus, qui vesperi convivio interfuit, mane ab amicis domum portatur. Mater, quae eum per totam noctem exspectabat, exclamat: „Scisne, quam diu domo afueris?!"

2. Filio tacente haec verba addit: „Dic mihi, ubi heri fueris!"

3. Cum Marcus adhuc nihil respondeat, mater ab eius amicis quaerit, quid heri factum sit.

4. Haec cognoscit: Heri Marcus convivio intererat, ubi tantam copiam vini bibit, ut nesciret, quis et ubi esset.

5. Haec cum audiverit, mater Marco neque movente neque loquente nescit, quid faciat.

6. Denique medicum auxilio arcessit. Qui Marco examinato dicit: „Non est dubium, quin Marcus mox iterum inter vivos rediturus sit!"

7. XXIV horis post Marcus re vera recreatus („erholt") est, sed meminisse non potest, quid die superiore actum sit.

KONDIZIONALSÄTZE (*SI*-SÄTZE)

Kondizionalsätze (= Bedingungssätze, von *condicio, -onis* = „Bedingung") werden meist mit **SI** („wenn") oder **NISI** („wenn nicht") eingeleitet.

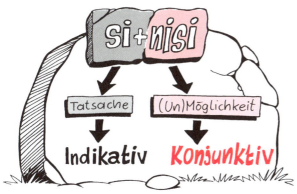

Sie können – wie im Deutschen – Folgendes zum Ausdruck bringen:

☆ dass etwas eine TATSACHE ist

☆ dass etwas MÖGLICH ist

☆ dass etwas UNMÖGLICH IST

☆ dass etwas UNMÖGLICH WAR

Mit Ausnahme von Punkt 1 muss daher in solchen Sätzen der **KONJUNKTIV** stehen. Dieser richtet sich aber **nicht** wie bei den meisten anderen Gliedsätzen **nach der Consecutio temporum** (siehe Seite 76), sondern – da es sich um eine Möglichkeit oder Unmöglichkeit handelt – nach den **Regeln für den Konjunktiv im Hauptsatz**. Der Konjunktiv im *si*-Satz **muss** daher – wie der Konjunktiv im Hauptsatz – **übersetzt werden**.

 Welche Konjunktive drücken im Hauptsatz eine **Möglichkeit** aus? (Vergleiche Seite 71)

_____

 Welcher Konjunktiv drückt die **Unmöglichkeit in der Gegenwart** aus?

_____

 Welcher Konjunktiv drückt die **Unmöglichkeit in der Vergangenheit** aus?

_____

Daraus ergeben sich für die Übersetzung der Kondizionalsätze folgende Regeln:

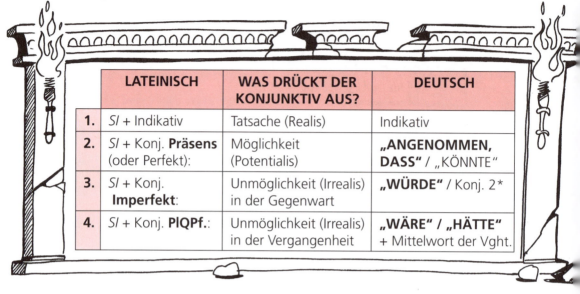

	LATEINISCH	WAS DRÜCKT DER KONJUNKTIV AUS?	DEUTSCH
1.	*SI* + Indikativ	Tatsache (Realis)	Indikativ
2.	*SI* + Konj. **Präsens** (oder Perfekt):	Möglichkeit (Potentialis)	„ANGENOMMEN, DASS" / „KÖNNTE"
3.	*SI* + Konj. **Imperfekt**:	Unmöglichkeit (Irrealis) in der Gegenwart	„WÜRDE" / Konj. 2*
4.	*SI* + Konj. **PlQPf.**:	Unmöglichkeit (Irrealis) in der Vergangenheit	„WÄRE" / „HÄTTE" + Mittelwort der Vght.

*zur Bildung des Konjunktivs 2 im Deutschen siehe Seite 105.

EXEMPLA:

ad 1. *Si sol fulget, gaudeo* = Wenn die Sonne scheint, freue ich mich (→ sie scheint tatsächlich)

ad 2. *Si sol fulgeat, gaudeam* = Angenommen, die Sonne scheint, dann könnte ich mich freuen (→ vielleicht scheint sie)

ad 3. *Si sol fulgeret, gauderem* = Wenn die Sonne schiene / scheinen würde, würde ich mich freuen (→ sie scheint aber jetzt nicht)

ad 4. *Si sol fulsisset, gavisus essem* = Wenn die Sonne geschienen hätte, hätte ich mich gefreut (→ sie hat aber nicht geschienen)

QUIS steht nach *si* und *nisi* für **ALIQUIS** = „(irgend)jemand"
Dazu gibt's übrigens einen sinnigen Merkspruch:

> **„Nach *si, nisi, num; ne, ubi, cum*
> fällt der kleine ALI um!"**

Si quis vestrum adfuisset, gavisus essem.
= „**Wenn jemand** von euch da gewesen wäre, hätte ich mich gefreut."

Halbe Sachen!

Den folgenden Hauptsätzen sind ihre Kondizionalsätze abhanden gekommen. Suche sie und füge sie dazu!

si quis te de aetate tua interroget – si adfuissetis – nisi vocabula didicisses – si mihi plus otii esset – si tacuisses – si vocabula diligentius disceres

1. Hunc librum legerem, _____ .

2. _____ , quid respondeas?

3. _____ , a magistro punitus esses.

4. _____ , meliora pensa scriberes.

5. _____ , nos periculo liberavissetis.

6. _____ , philosophus mansisses.

61 **Wenn das kleine Wörtchen „wenn" nicht wär' . . .**

1. Nisi incolae ex oppido fugissent, ab hostibus necati essent.
2. Si nos visitetis, vobis bonam cenam paremus.
3. Si nos visitavissetis, vobis bonam cenam paravissemus.
4. Multi discipuli, si linguam Latinam discerent, etiam alias linguas facilius discere possent.
5. Multi discipuli, si linguam Latinam didicissent, postea alias linguas facilius discere potuissent.
6. Galli sine dubio Capitolium occupavissent, nisi anseres (anser, -eris „Gans") custodes dormientes excitavissent.
7. Si sero ad cenam meam venias, nihil nisi ossa accipias.
8. Carthago a Romanis deleta non esset, nisi Cato maior in senatu saepe dixisset: „Ceterum censeo Carthaginem esse delendam!"
9. Caesar Idibus Martiis necatus non esset, si verbis amicorum obtemperavisset neque illo die senatui interfuisset.
10. Tibi crederem, nisi tam saepe falsa dixisses.

Durch welche Formen könnten *visitetis* (Satz 2) bzw. *venias* (Satz 7) ersetzt werden?

62 Ordne sämtliche Konjunktivformen, die in Übung 61 vorkommen, den drei Konjunktiven zu.

☆ Konj. Präsens: _____

_____

☆ Konj. Imperfekt: _____

_____

☆ Konj. PlQPf.: _____

_____

_____

Es ist noch nicht aller Konjunktive Abend!

Du hast dich tapfer durch die Konjunktiv-Orgie der letzten Seiten gekämpft! Zum Ende dieser Plagerei wartet noch eine letzte Bewährungsprobe auf dich: Der Abschlusstest zum Thema Konjunktiv im Gliedsatz. *Multum gaudii fortunaeque!*

1. *Der Konjunktiv in Kondizionalsätzen richtet sich nach den Regeln für den Konjunktiv im Hauptsatz / nach der Consecutio temporum.* (Streiche das Nichtzutreffende!) (1 P.)

2. *In einem vorzeitigen cum-Satz, dessen Hauptsatz im Präsens steht, muss das Prädikat im Konjunktiv* _____ *stehen.* (1 P.)

3. *Die Bedeutungen von ut + Konjunktiv lauten:* 1) _____ , 2) _____ , 3) _____ (3 x 1 P.)

4. *„potential" bedeutet, dass eine Situation möglich / unmöglich ist.* (Streiche das Nichtzutreffende!) (1 P.)

5. *Dass cum „obwohl" heißt, erkennt man oft daran, dass im übergeordneten Satz das Wort* _____ *(= „*_____*") steht.* (2 P.)

6. *Konjunktiv Plusquamperfekt drückt nach der Consecutio temporum die Vorzeitigkeit / Nachzeitigkeit aus.* (Streiche das Nichtzutreffende!) (1 P.)

7. *Ein kausales cum wird mit „*_____*" übersetzt.* (1 P.)

8. *Setze die richtige Form ein:* (4 x 1 P.)

    a) *Si veniretis,* _____ (gaudere, 1.P. Pl.)

    b) *Optamus, ut nos* _____ (visitare, 2.P. Pl.)

    c) *Nescio, quando domum* _____ (venire, 1.P. Sg., vorzeitig)

    d) *Te visitavi, cum aegra* _____ (esse, 2.P. Sg., gleichzeitig)

AUSWERTUNG:
14–12 Punkte: Gratulation! Du hast die Lektion über *si, ut,* und *cum* „summa cum laude" hinter dich gebracht!
11–7 Punkte: Insgesamt zufriedenstellend, auch wenn dein Wissen über die Möglichkeitsform möglicherweise noch nicht lückenlos ist.
weniger als 7 Punkte: Die Übungen der letzten Seiten dürften einigermaßen spurlos an dir vorbeigegangen sein. Zurück zu Seite 76!

INDIREKTE REDE

Wenn eine Rede nicht wörtlich (d. h. unter Anführungszeichen) wiedergegeben wird, sondern von einem Verbum des Sagens, Hörens, Lesens etc. abhängig ist, spricht man von einer **indirekten** oder **abhängigen** Rede (lat. *oratio obliqua*).

Im LATEINISCHEN kommt die indirekte Rede häufiger als im Deutschen vor. Man erkennt sie daran, dass **sämtliche Prädikate im Infinitiv oder Konjunktiv** stehen. Die Regeln im Einzelnen lauten folgendermaßen:

DIE INDIREKTE REDE IM LATEINISCHEN		
HAUPTSÄTZE	Aussagesätze:	→ ACI
	Wunschsätze, Fragen:	→ KONJUNKTIV*
GLIEDSÄTZE	(alle:)	→ KONJUNKTIV*

EXEMPLA:

DIREKTE REDE	INDIREKTE REDE
Iulia dicit:	*Iulia dicit*
„Pulchra sum et a cunctis pueris amor." (→ **Aussagesatz**)	*se pulchram esse et a cunctis pueris amari.* (→ **ACI**)
„Quis me pulchritudine superat?" (→ **Fragesatz**)	*Quis se pulchritudine superet?* (→ **Konjunktiv***)
„Nulla puella se pulchriorem putet!" (→ **Wunsch**)	*Nulla puella se pulchriorem putet.* (→ **Konjunktiv***)

* Die Konjunktive richten sich nach dem übergeordneten Verbum (hier: *dicit* = Präsens, daher Konj. Präsens bei Gleichzeitigkeit, Konj. Perfekt bei Vorzeitigkeit).

Reflexivpronomina beziehen sich in der indirekten Rede meist auf den Sprechenden (indirektes Reflexiv, vgl. Seite 41 und 84):

Iulia dicit se pulchram esse.
= Julia sagt, sie sei schön.

DIE INDIREKTE REDE IM DEUTSCHEN

Im Deutschen steht in einer indirekten Rede überall der Konjunktiv, und zwar meist der **Konjunktiv 1**. Dieser wird von der ersten Stammform gebildet, wie dir die folgende Tabelle am Beispiel des Hilfsverbums „sein" zeigt:

DER KONJUNKTIV IM DEUTSCHEN			
1. Stammform:	„SEI"	2. Stammform:	„WAR"
↓	↓	↓	↓
Konjunktiv 1:	ich sei, du seist . . . sie seien	**Konjunktiv 2:**	ich wäre, du wärest . . . sie wären
Verwendung: Wünsche, indirekte Rede		Verwendung: zum Ausdruck der Unmöglichkeit (Irrealis) und als Ersatz für den Konjunktiv 1*	

* Wenn der Konjunktiv 1 identisch mit dem Indikativ ist, muss auf den Konjunktiv 2 ausgewichen werden (Beispiel „gehen": Der Konjunktiv 1 lautet *ich gehe, du gehest, er gehe* etc.; da die 1.P. Sg. *ich gehe* identisch mit dem Indikativ ist, muss der Konjunktiv 2 verwendet werden: *ich ginge*).

63 Übersetze die Beispielsätze für die indirekte Rede von Seite 104!

64 Die folgende Geschichte klingt zwar fast unglaublich, entspricht aber nichtsdestoweniger den Tatsachen:

Nuper in nonnullis actis diurnis (acta, [-orum] diurna „Zeitung") *legi potuit in quadam urbe Austriaca feminam habitare, cui nomen Wilma Feuerstein esset. Quae cum olim ad secretariam* (secretaria, -ae „Sekretärin") *psychoanalystae* (psychoanalysta, -ae m. „Psychiater") *telephonavisset* (telephonare „telefonieren") *nomenque suum dixisset, illam respondisse: Quieta maneret, nam currum valetudinarium* (currus [-us] valetudinarius „Krankenwagen") *mox apud eam futurum esse . . .*

Da verschlägt's ja einem indirekt die Rede!

Um dir die Sache etwas zu erleichtern, findest du die deutsche Übersetzung des Textes der vorigen Seite hier fast vollständig abgedruckt. Du musst nur mehr die richtigen Prädikate einsetzen!

Aus folgenden Prädikaten kannst du auswählen:
werde – geantwortet – habe – trage – gesagt habe – möge – wohne

In mehreren Zeitungen konnte man kürzlich lesen, dass in einer bestimmten österreichischen Stadt eine Frau _____ , die den Namen Wilma Feuerstein _____ . Als diese einmal mit der Sekretärin eines Psychiaters telefoniert und ihren Namen _____ _____ , _____ jene _____ , sie _____ ruhig bleiben, denn ein Krankenwagen _____ bald bei ihr sein . . .

65 Gib die ganze Geschichte als direkte Rede wieder! (Falls du übrigens an ihrer Glaubwürdigkeit zweifeln solltest, kannst du dich im Buch „Durchstarten mit Nuntii Latini", Seite 12, von ihrem Wahrheitsgehalt überzeugen!)

In mehreren Zeitungen konnte man kürzlich Folgendes lesen:
_____
_____
_____
_____
_____
_____

MUSIK LIEGT IN DER LUFT! – MUSICA IN AERE EST!

Zur Abwechslung geht's hier einmal um Popsongs! In der unten abgebildeten, echt römischen Musikbox *(arca musica)* sind 12 Liedtitel gespeichert – das Pech ist nur, dass sie alle in ihrer lateinischen Version aufscheinen. Schaffst du es trotzdem, sie zu identifizieren?
(PS: Unter die 12 Popstars von heute hat sich ein Prominenter aus der Antike geschummelt, dessen Auftritte als Sänger äußerst gefürchtet waren, besonders da sie vorzugsweise während Stadtbränden stattfanden. Um wen handelt es sich?)

* *felis, is* = Katze

Mudra für den gesunden Willen

Du hast keine Lust zu lernen?

Diese Lernunwilligkeit kannst du folgendermaßen abbauen:

Du legst den Zeigefinger in die Daumengrube und bringst Daumen und Mittelfingerkuppe zusammen.

Das Mudra kannst du mit beiden Händen gleichzeitig oder jeweils mit einer Hand halten. Immer dann, wenn du eine Hand gerade nicht brauchst, hältst du die Finger in der beschriebenen Stellung.

Hervorragend geeignet zum Hinhören im Unterricht, beim Schreiben und Nachdenken. Sogar während des Lesens kannst du es halten.

Dauer der Übung: mindestens 7 Minuten

GRAMMATIK-CHECKLISTEN

Zum Abschluss deiner Reise durch die wunderbare Welt der lateinischen Grammatik findest du hier noch eine kurze Zusammenfassung jener Punkte, bei denen die häufigsten Fehler passieren.

Du kannst diese Checkliste also vor allem zum schnellen Nachschlagen bei der Hausaufgabe oder zur „Schnellwiederholung" in Straßenbahn, Autobus oder am *locus secretus* verwenden, aber Achtung: Diese Übersicht gibt dir – wie es bei „Checklisten" üblich ist – nur stichwortartige Informationen! Solltest du bei einem der angeführten Punkte noch richtiggehend „schwimmen", wird es dir nicht erspart bleiben, zwecks Einholung genauerer Informationen im entsprechenden Kapitel (die Seitenzahl ist jeweils angegeben; „Band 1" bedeutet „Durchstarten in Latein für das 1. Lernjahr") nachzuschlagen!

CHECKLISTE VERBA / PRÄSENSSTAMM (siehe Band 1, Seite 10 ff.)

		AKTIV	PASSIV
Sg.	1.P.	-o / -m	-(o)r
	2.P.	-s	-ris
	3.P.	-t	-tur
Pl.	1.P.	-mus	-mur
	2.P.	-tis	-mini
	3.P.	-nt	-ntur

CHECKLISTE INFINITIVE (siehe Band 1, Seite 30 f.)

	AKTIV	PASSIV
INFINITIV PRÄSENS:	-re	-ri / -i
INFINITIV PERFEKT:	-isse	PPP + esse
INFINITIV FUTUR:	-urus 3 esse	Supinum auf -um + iri

CHECKLISTE PARTIZIPIA (siehe Band 1, Seite 27 ff.)

	MERKMALE	BILDUNG
PARTIZIP PRÄSENS:	aktiv + gleichzeitig	-ns, -ntis
PARTIZIP PERFEKT:	passiv* + vorzeitig	-tus/-sus 3
PARTIZIP FUTUR:	aktiv + nachzeitig	-urus 3

* bei Deponentia: aktiv

CHECKLISTE GESCHLECHTSREGELN (siehe Band 1, Seite 44 ff.)

Deklination	Nom./Gen.	Geschlecht	Ausnahmen
A-Deklination	**-a, -ae**	feminin	maskulin: *incola, poeta, nauta, agricola*
O-Deklination	**-us, -i**	maskulin	feminin: alle Bäume neutral: *vulgus, virus*
	-er, -(e)ri	maskulin	
	-um, -i	neutral	
E-Deklination	**-es, -ei**	feminin	maskulin: *dies, meridies*
U-Deklination	**-us, -us**	maskulin	feminin: *manus, domus, porticus*
	-u, -us	neutral	
3. Deklination			
☆ Konsonanten-stämme	**-er, -(e)ris** **-or, -oris** **-os, -oris**	maskulin	
	-o, -onis/-inis **-as, -atis** **-us, -utis** **-x, -gis/-cis**	feminin	maskulin: *sermo, ordo* maskulin: *grex, rex*
	-men, -minis **-us, -eris** **-us, -oris** **-us, -uris**	neutral	 feminin: *tellus, -uris*
☆ Mischstämme	**-is, -is** (Gleichsilber)	feminin	maskulin: alle auf *-cis, -nis, -guis*
	Stamm auf 2 Konsonanten	feminin	maskulin: *dens, mons, fons, pons*
☆ i-Stämme	**turris, febris, sitis, puppis, vis, securis**	feminin	
	-e/-al/-ar	neutral	

CHECKLISTE KONJUNKTIVBILDUNG (siehe Seite 20 ff.)

	AKTIV	PASSIV
K. PRÄSENS:	Präsensstamm + **-A-** (bzw. **-E-** bei a-Konjugation) +	
	-m, -s, -t; -mus, -tis, -nt	-r, -ris, -tur; -mur, -mini, -ntur
K. IMPERFEKT:	**aktiver Infinitiv Präsens +**	
	-m, -s, -t; -mus, -tis, -nt	-r, -ris, -tur; -mur, -mini, -ntur
K. PERFEKT:	aktiver Perfektstamm +	PPP +
	-erim, -eris, -erit . . . -erint	**sim, sis, sit; simus, sitis, sint**
K. PLQPF.:	aktiver Perfektstamm +	PPP +
	-issem, - isses, . . . -issent	**essem, esses, . . . essent**

CHECKLISTE KONJUNKTIVISCHE GLIEDSÄTZE (siehe Seite 76 ff.)

Der Konjunktiv steht in folgenden Gliedsätzen:			
UT	CUM	INDIREKTE FRAGESÄTZE	SI
↓	↓	↓	↓
nach der **Consecutio temporum**			wie Konj. im Hauptsatz

CHECKLISTE KONJUNKTIVÜBERSETZUNG (siehe Seite 78 ff.)

Der Konjunktiv		
MUSS	KANN	DARF NICHT
übersetzt werden in:		
☆ HAUPTsätzen ☆ *SI*-Sätzen	☆ FINALsätzen ☆ BEGEHRsätzen ☆ INDIREKTEN FRAGEsätzen	☆ *CUM*-Sätzen ☆ KONSEKUTIVsätzen

CHECKLISTE KONJUNKTIVÜBERSETZUNG	
IM HAUPT- UND *SI*-SATZ (siehe Seite 71 und 99)	
Konjunktiv Präsens:	**„könnte"**, **„möge"**, **„soll"** oder Konj. 1
Konjunktiv Imperfekt:	**„würde"** oder Konjunktiv 2
Konjunktiv Perfekt:	**„könnte"** oder Verbot
Konjunktiv Plusquamperfekt:	**„wäre"** / **„hätte"** + Mittelwort der Vght.

CHECKLISTE *UT* (siehe Seite 80 ff.)

CHECKLISTE *NE* (siehe Seite 80)

	1) am Anfang eines Begehrsatzes:	**„dass nicht"**
NE	2) am Anfang eines Finalsatzes:	**„damit nicht"** („um nicht . . . zu")
	3) nach Verben des Fürchtens:	**„dass"**
	4) im konjunktivischen Hauptsatz:	**„nicht!"**

*Ich fürchte, dass ich zu spät komme!

CHECKLISTE *CUM* (siehe Seite 86 ff.)

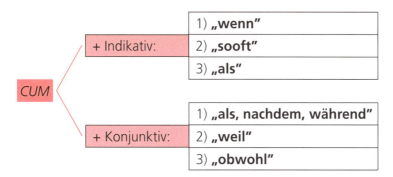

CHECKLISTE PARTICIPIUM CONIUNCTUM UND ABLATIVUS ABSOLUTUS
(siehe Band 1, Seite 124 ff., Band 2, Seite 45 ff.)

P als **HAUPTSATZ**:	beiordnend	**„und"**
P als **NEBENSATZ**:	relativ*	**„der/die/das"**
	temporal	**„als, nachdem, während"**
	kausal	**„weil"**
	konzessiv	**„obwohl"**
	kondizional	**„wenn"**
	modal	**„indem"**
P als **PRÄPOSITIONALAUSDRUCK**:	**Vorwort + Hauptwort**	

* gilt nicht für Ablativus absolutus!

CHECKLISTE KASUSFUNKTIONEN (siehe Band 1, Seite 110 ff.)

FRAGE	ÜBERSETZUNG	BEZEICHNUNG	BEISPIEL
GENETIV			
wessen?	(als Genetiv)	Gen. des Besitzers	*villa avi*
—	„von" oder frei	Eigenschaftsgenetiv	*vir summae virtutis*
—	„von"	Teilungsgenetiv	*quis nostrum?*
—	(mit passender Präposition)	Genetivus obiectivus	*amor patriae*
DATIV			
wem?	(als Dativ)	Objektsdativ	*tibi fabulam narro*
—	„haben"	Dativ des Besitzers	*mihi multi amici sunt*
wofür?	„für"	Dativ des Vorteils	*vitae discimus*
wozu?	„dienen zu" o.ä.	Zweckdativ	*hoc mihi gaudio est*
AKKUSATIV			
wen?, was?	(wörtlich)	Objektsakkusativ	*linguam Latinam amo*
wohin?	„in", „nach", „auf"	Richtungsakkusativ	*in Italiam migrabo*
wie lange?	(wörtlich)	Akk. der Zeitstrecke	*duas horas dormivi*
ABLATIV			
womit?, wodurch?	„durch", „mit"	Mittelsablativ	*hoc libro delectamur*
wann?	(je nach Zusammenhang)	Zeitablativ	*meridie dormire soleo*
wo?	„in", „auf"	Ortsablativ	*in urbe fuimus*
wovon?	„von"	Trennungsablativ	*periculo liberare*
wovon?, von wem?	„von"	Abl. des Grundes (bei Personen + *ab*)	*a magistro laudamur*
wie?	(je nach Zusammenhang)	Abl. der Art und Weise	*more Romanorum*
+ Komparativ	„als"	Vergleichsablativ	*te maior sum*
—	„von" oder frei	Abl. der Eigenschaft	*vir summa virtute est*

KLEINE WÖRTER – ABER OHO!

Die am schwersten zu merkenden Wörter im Lateinischen sind die verschiedenen Bindewörter (Konjunktionen) und Fürwörter (Pronomina): Einerseits haben sie meistens mit den entsprechenden deutschen Wörtern keinerlei Ähnlichkeit, sodass man sich keine „Eselsbrücken" bauen kann; andererseits klingen viele von ihnen so ähnlich, dass die Verwechslungsgefahr bei ihnen besonders groß ist. Da diese „Kleinen Wörter" aber sehr häufig vorkommen, musst du sie besonders gut lernen und oft wiederholen. Die wichtigsten findest du hier, alphabetisch geordnet, zusammengestellt.

BEIORDNENDE KONJUNKTIONEN
(verbinden Hauptsätze miteinander)

at	aber
atque (= ac)	und
aut	oder
aut – aut	entweder – oder
autem	aber
cum – tum	sowohl – als auch
enim	denn, nämlich
ergo	daher
et	und (*et – et* = sowohl – als auch)
etiam	auch
itaque	daher, deshalb
igitur	daher
modo – modo	bald – bald
nam	denn, nämlich
neque (= nec)	und nicht (*neque – neque* = weder – noch)
non solum – sed etiam	nicht nur – sondern auch
-que	und
quoque	auch
sed	aber
sive – sive (= seu – seu)	sei es (dass) – oder (dass)
tamen	dennoch
vel	oder (*vel – vel* = entweder – oder)
verum = vero	aber

UNTERORDNENDE KONJUNKTIONEN
(verbinden Hauptsätze mit Nebensätzen)

cum (+ Indikativ)	wenn, sooft, als
cum (+ Konjunktiv)	als, nachdem, während; weil, obwohl
dum (+ Indik. Präsens)	während (+ Indikativ Präsens); solange
etsi	wenn auch
nisi	wenn nicht
postquam (+ Ind. Perfekt)	nachdem
priusquam = antequam	bevor
quamquam	obwohl
quamvis	wenn auch, obwohl
qui, quae, quod (relativ)	welcher, -e, -es; der, die, das
quia	weil
quoniam	weil
quin (+ Konjunktiv)	dass (nicht)
quod	weil; dass; was
si	wenn
ubi (primum)	sobald
ut (+ Indikativ)	wie; als
ut (+ Konjunktiv)	dass, damit, (so)dass

66 Hier ist ein scharfer Blick gefragt! Außer **et** halten sich im Raster noch weitere 10 lateinische Bindewörter versteckt! Um welche handelt es sich?

I	P	S	A	L	A	M	N	U	N	O
N	O	V	B	D	U	M	E	X	A	T
O	S	S	A	M	T	E	X	O	M	T
V	T	I	B	I	S	N	D	R	G	U
A	Q	U	N	E	Q	U	E	M	E	A
E	U	T	O	D	U	N	E	N	I	M
L	A	U	R	E	I	D	S	E	O	A
A	M	S	A	D	A	I	T	**E**	**T**	S

☆ beiordnende Konjunktionen: _____

☆ unterordnende Konjunktionen: _____

Fragewörter

cur?	warum?
-ne?	(unübersetzt)
nonne?	nicht?
num?	etwa?
qua de causa?	warum?
qualis, -e?	wie (beschaffen), welcher?
quam?	wie?
quamdiu?	wie lange?
quando?	wann?
quantum?	wie sehr?
quantus, -a, -um?	wie groß?
qui, quae, quod (adj.)?	welcher, -e, -es?
quis, quid (subst.)?	wer?, was?
quo?	wohin?
quomodo?	wie?
quot?	wie viele?
ubi?	wo?
unde?	woher?
uter, utra, utrum?	welcher (von beiden)?
utrum – an?	(unübersetzt) – oder?

*Nie sollst du mich befragen!

67 **Fragen über Fragen!**

Hier ein kleines Kreuzworträtsel. Welche lateinischen Fragewörter sind darin enthalten?

Waagrecht:

- 1 Frage zu *talia*
- 5 . . . *venis*?
- 7 *Cur heri non ad . . . venisti*?
- 8 Nominativ zu *tibi*
- 9 Substantiv zu *necare*
- 10 *Omnia . . . mecum porto.*
- 11 *Hac . . . valde delector.*
- 12 . . . *ferias egisti*?
- 14 . . . *multos annos*!
- 15 . . . *vadis*?

Senkrecht:

- 1 Frage zu *tantus*
- 2 (wie 5 waagrecht)
- 3 lat. „bei"
- 4 lat. „Gesetz"
- 6 Sag mir . . ., sag mir wann!
- 8 Akkusativ zu *tu*
- 10 Akkusativ zu *ego*
- 13 . . . – *ea* – *id*
- 14 Das hätte wahrscheinlich auch ein Römer vor Schmerz ausgerufen . . .

Enthaltene Fragewörter:

1 _____ 4 _____

2 _____ 5 _____

3 _____ 6 _____

Fürwörter (Pronomina)

aliqui, aliqua, aliquod	irgendein (adjektivisch)
aliquis, aliquid	irgendeiner (substantivisch)
alius – alius	der eine – der andere
alius, alia, aliud	der andere (von mehreren)
alter, altera, alterum	der andere (von zweien)
ceteri, -ae, -a	die übrigen
complures, complura	mehrere
cuncti, -ae, -a	alle
hic, haec, hoc	dieser
idem, eadem, idem	derselbe
ille, illa, illud	jener
ipse, ipsa, ipsum	selbst
is, ea, id	dieser, -e, -es; er, sie, es
iste, ista, istud	dieser (da)
ita, sic	so (bei Verben)
multi, -ae, -a	viele
nemo	niemand
nihil	nichts
nonnulli, -ae, -a	einige
nullus, -a, -um (2.F.: *nullius*)	kein
omnis, -e	jeder, ganz; Pl.: alle
pauci, -ae, -a	wenige
plerique, pleraeque, pleraque	die meisten
plurimi, -ae, -a	die meisten
quidam, quaedam, quoddam	ein gewisser; Pl.: einige
quisquam, quidquam	irgendeiner (substantivisch)
quisque, quidque	jeder, jedes
solus, -a, -um (2.F.: *solius*)	allein
talis, -e	so, solch
tam	so (bei Adj. + Adv.)
tantum	so viel, so sehr; nur
tantus, -a, -um	so groß
tot	so viele
totus, -a, -um (2.F.: *totius*)	ganz
ullus, -a, -um (2.F. *ullius*)	irgendein (adjektivisch)
unus, -a, -um (2.F.: *unius*)	ein
uterque, utraque, utrumque	jeder (von beiden)

Klein, aber oho!

Zum Beweis, dass die „Kleinen Wörter", mit denen du auf den letzten Seiten bombardiert wurdest, tatsächlich häufig vorkommen, übersetze bitte den folgenden Text und markiere mit einem farbigen Stift sämtliche „Kleine Wörter". Wie viele sind es?

De chirurgis musicis (musicus 3 „musikalisch")

Hans Scheld, chirurgus Germanicus, in suo instituto chirurgico (institutum chirurgicum „Klinik") cunctas cameras operationis (camera operationis „Operationssaal") apparitibus stereophonicis (apparatus stereophonicus „Stereoanlage") instruxit. Nunc medici secant (secare „operieren"), dum eorum aures musica delectantur. Inventor huius novi generis operationis gaudet: „Eo modo chirurgi tranquillantur, ut melius secare possint!" Scheld ipse in camera operationis saltationes Vindobonenses (saltatio Vindobonensis „Walzer") audire solet, cum multi eius collegae carmina trivialia (carmen triviale „Schlager") praeferant. Interim etiam quidam aegroti (aegrotus, -i „Patient") ipsi genus musicae eligere voluerunt, dum secantur – adhuc quidem frustra.

(Dieser Text ist übrigens eine Kostprobe aus den in der österreichischen Tageszeitung KURIER seit 1993 regelmäßig unter dem Titel „Nuntii Latini" erscheinenden lateinischen Nachrichten. Solltest du an solchen neulateinischen Meldungen Geschmack finden, beachte bitte Seite 143 ff.)

Gesamtzahl der „kleinen Wörter" in diesem Text: _____ von insgesamt 66 Wörtern.

NILPFERD

**Du kannst dich nicht mehr konzentrieren?
Du sitzt schon viel zu lange bei deinen Hausaufgaben?**

Tanke wieder Energie:
Du stehst, die Beine sind hüftbreit auseinander, die Füße zeigen gerade nach vorne. Die Knie sind gebeugt und leicht federnd. Du schwingst nun die gestreckten Arme abwechselnd nach vorne und hinten.
Achte darauf, dass der Arm vorne und der Arm rückwärts mit den Schultern eine Linie bilden.

**Wiederholung der Übung:
50-mal mit jedem
Arm nach vorne**

7. DURCHSTART-ÜBUNG:

HÄUFIG VERWECHSELTE WÖRTER

Wie du wahrscheinlich schon selbst öfters festgestellt hast, kann im Lateinischen die Verwechslung oder Vertauschung eines einzigen Buchstaben schon ungeahnte Auswirkungen haben. Damit dir derartige Pannen nicht passieren können, findest du hier einen Überblick über jene Wörter, die am häufigsten miteinander verwechselt werden!
(PS: Am besten lässt du dich diese Wörter von jemandem laut abfragen – z.B. von deiner Schwester, deinem Bruder, deinem Bungee-Jumping-Partner oder einem sonstigen „Latin Lover"!)

ac, atque	und
ad (+ Akk.)	zu, an, bei
at	aber
aut	oder
autem	aber
adesse	da sein; helfen
abesse	abwesend sein, fehlen
aetas, -atis f.	Zeit, Alter
aestas, -atis f.	Sommer
aedes, -is	Sg.: Tempel, Pl.: Haus
animus, -i	Geist, Sinn
anima, -ae	Seele
appelláre, -avi, -atum	nennen, rufen
appéllere, appuli, appulsum	hintreiben; passiv: landen
arx, arcis f.	Burg
ars, artis f.	Kunst
cádere, cécidi, casurus	fallen
cáedere, cecídi, caesus	fällen, töten
cédere, cessi, cessum	weichen, gehen
causa, -ae	Grund, Ursache
casus, -us	Fall, Unglücksfall
civis, -is m.	Bürger
civitas, -atis f.	(Bürgerschaft), Gemeinde

cólere, colui, cultum	pflegen, anbauen, verehren
cógere, coegi, coactum	sammeln; zwingen
cogitare	(nach)denken
complures, -a	mehrere
plurimi, -ae, -a	die meisten
constitúere, constitui, -tutum	beschließen
constare, constiti, —-	feststehen
debére	schulden, verdanken; müssen
delére, delevi, deletum	zerstören
dolére	bedauern; leiden
docére, docui, doctum	(be)lehren
cérnere, crevi, cretum	erkennen
decérnere, decrevi, decretum	entscheiden, beschließen
deinde	dann
denique	endlich, schließlich
di (1.F. Pl. von *deus*)	die Götter
diei (2./3.F. Sg. von *dies*)	des Tages / dem Tag
discédere, discessi, discessum	weggehen, weichen
díscere, didici, —	lernen
dícere, dixi, dictum	sagen
dúcere, duxi, ductum	führen
docére, docui, doctum	lehren
dare, dedi, datum	geben
donare	(be)schenken
dolor, -oris	Schmerz
dolus, -i	List
expugnare	erobern
oppugnare	belagern
occupare	besetzen
fere	ungefähr, fast, beinahe
ferre	(er)tragen
fore	= *futurum esse*
foret	= *esset*

fúgere, fugi, fugiturus	fliehen (vor), flüchten
fugare	in die Flucht schlagen
gratia, -ae	Dank; Gunst, Beliebtheit
gratus 3	dankbar; angenehm, beliebt
habére	haben
habitare	wohnen
hostis, -is m.	Feind
hospes, -itis m.	Gast, Gastgeber
iam	schon
etiam	auch; sogar
inter (+ Akkusativ)	zwischen
interim = interea	inzwischen
interdum	manchmal
invidére, -vidi, -visum (+ Dativ)	beneiden
invitare	einladen
iustitia, -ae	Gerechtigkeit
ius, iuris n.	Recht
lex, legis f.	Gesetz
liber, libera, liberum	frei
liber, libri	Buch
liberi, liberorum	Kinder
liberare	befreien
libertus, -i	Freigelassener
libertas, -atis	Freiheit
magister, -tri	Lehrer
magistra, -trae	Lehrerin
magistratus, -us	Beamter; Amt
memini, -isse (+ Genetiv od. Akk.)	sich erinnern (an)
memorare	erwähnen
memor, -oris (+ Genetiv)	eingedenk
memoria, -ae	Erinnerung

mens, mentis f.	Geist, Sinn
mensis, -is m.	Monat
mensa, -ae	Tisch
movére, movi, motum	bewegen
monére	ermahnen
manére, mansi, mansum	bleiben
mos, moris m.	Sitte, Brauch
mors, mortis f.	Tod
mora, -ae	Aufenthalt, Verzögerung
num	etwa?
nam	denn, nämlich
occidere, óccidi (von cádere)	umkommen, untergehen
occidere, occídi, occisum (von cáedere)	töten
accídere, áccidi, —	geschehen
accípere, accepi, acceptum	empfangen; hören
ornare	schmücken
orare	bitten, beten
odium, -i	Hass
otium, -i	Muße, Freizeit
negotium, -i	Arbeit
parare	erwerben, bereiten
parére	gehorchen (vgl. parieren)
pétere, petivi, petitum	anstreben; bitten (petere a)
quáerere, quaesivi, quaesitum	suchen; fragen (+ ex / a)
queri, questus sum	klagen
placére	gefallen
placare	versöhnen, besänftigen
post (+ Akk.)	hinter, nach
post (Adv.)	später
postea (Adv.)	später
postquam (+ Indik. Perfekt)	nachdem
postremo	schließlich

praeter (+ Akk.)	an . . . vorbei; außer
praeterea	außerdem
prudentia, -ae	Klugheit
patientia, -ae	Ausdauer, Geduld
quamquam	obwohl
tamquam	so wie
quidam, quaedam, quoddam	ein gewisser; Pl. einige
quidem	zwar, freilich
quisquam, quidquam	irgendeiner, -etwas
quisque, quidque	jeder, jedes
quisquis, quidquid	jeder, der; alles, was
quoniam	weil
quondam	einst
servare	retten; schützen
servire	dienen
summus 3	der höchste
sumus (1.P. Pl. Präsens von esse)	wir sind
tamen	dennoch
tandem	schließlich
tam	so
tum	damals
tantus 3	so groß
tantum	so viel; nur
totus 3	ganz
tot	so viele
viris (3./6.F. Pl. von vir)	den Männern
viribus (3./6.F. Pl. von vis)	(mit) den Kräften
vulgus, -i n.	Volk
vultus, -us	Gesicht, Miene

LATEINISCHE FACHAUSDRÜCKE

69 **Grammatik ohne Dramatik!**

Du hast in diesem Buch eine Menge grammatikalischer Fachausdrücke kennen gelernt, die nicht alle leicht zu merken sind, da sie oft recht ähnlich klingen. Weißt du sie noch alle? Das folgende Rätsel gibt dir die Gelegenheit, einen letzten diesbezüglichen „Check" durchzuführen!
Setze aufgrund der unten stehenden Definitionen die gewünschten Fachausdrücke in den Raster ein! Wenn du alle 11 gefunden hast, ergibt sich in der rot gefärbten Spalte ein weiterer grammatikalischer Begriff.

1 erste Steigerungsform
2 bedingend
3 einräumend
4 Möglichkeitsform
5 begründend
6 bezweckend

7 Vergangenheit
8 möglich
9 unmöglich
10 folgernd
11 Wirklichkeitsform

LÖSUNGSWORT: _____

(deutsch: _____)

ANTIKE „PROMIS" GESUCHT!

Bist du ein Experte in römischer Geschichte und Kenner der römischen High Society? Wenn ja, hast du nun die einmalige Gelegenheit, endlich zu erfahren, was „Striptease" auf Lateinisch heißt!
Und so funktioniert's: Du brauchst nur die 15 unten beschriebenen Persönlichkeiten zu identifizieren und in den Raster einzusetzen. Die umrahmten Buchstaben ergeben, von oben nach unten gelesen, die aus zwei Wörtern bestehende Lösung. (Nota bene: Ä = AE!)

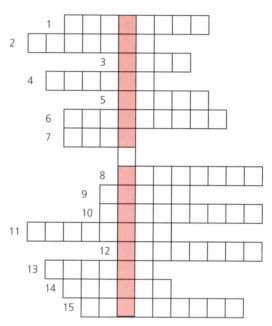

Und hier die Umschreibungen für die gesuchten Damen und Herren:

1. Wenn er *ante portas* war, brannte bei den Römern zwar nicht die Stadt, aber der Hut.
2. (Nicht mehr) lebender Beweis für die Tatsache, dass man sich auch zu Tode siegen kann.
3. Gründerin Karthagos, heute Club-Besitzerin.
4. *Venit, vidit, vicit.*
5. Unter seiner Herrschaft wurde im Jahr 80 n.Chr. das Kolosseum mit 100-tägigen Spielen eingeweiht.
6. Beförderte ihren Gatten mittels eines vergifteten Pilzgerichts ins Jenseits und ihren Sohn dadurch auf den Kaiserthron.
7. Einst ein Monster auf dem Kaiserthron, heute beliebter Hundename.
8. Bruder von 5., nach zeitgenössischen Quellen als entartet einzustufen.
9. Von seinem rabiaten Zwillingsbruder daran gehindert, Gründer Roms zu werden.

10. Schöne Königin mit angeblich besonders hübscher Nase, für Cäsars häufige Abstecher nach Ägypten verantwortlich.
11. Römischer Kaiser, der auf Capri geheimnisumwitterte Orgien feierte.
12. Das „Stiefelchen" (so sein Spitzname aus Kinderzeiten) machte als Kaiser sein Lieblingspferd Incitatus zum Konsul.
13. Trojanischer Flüchtling, wurde trotz Techtelmechtels mit karthagischer Königin Ahnherr der Römer.
14. Immer wieder als Cäsars Sohn gehandelt, zweifelsfrei aber einer seiner Mörder.
15. Aufständischer Sklave, der zwar die römischen Legionen nicht besiegen konnte, aber immerhin später zum Filmhelden wurde.

LÖSUNG: Striptease = lat. _____

MUDRA ZUM GEHIRN EINSCHALTEN

Dir fehlt die zündende Idee?
Du hast Angst, dass dir bei der Prüfung nichts mehr einfällt?
Dir fehlt die Motivation zum Lernen?

Schalte dein Gehirn wieder ein:
Du legst die Daumenkuppen auf Ring- und Kleinfingernagel.
Halte diese Stellung mit beiden Händen gleichzeitig.
Das Mudra solltest du 6-mal täglich machen. Natürlich auch dann, wenn du dein Gehirn dringendst brauchst; vor einer Prüfung zum Beispiel.

Dauer der Übung: mindestens 4 Minuten

PROBEKLASSEN(SCHUL)ARBEITEN

Die folgenden 12 Texte haben durchwegs die Länge von Klassen- bzw. Schularbeiten im zweiten Lernjahr. Du solltest sie also in ca. 45–50 Minuten leicht übersetzen können. Sie sind aufsteigend nach dem Schwierigkeitsgrad geordnet. Wichtig: Vokabeln, die dir unbekannt sind, schlage im Index (Seite 149 ff.) nach! Am Ende der Arbeit findest du jeweils einige Fragen **(F)**, die sich auf den Text beziehen. Mit ihrer Hilfe kannst du die einzelnen Grammatikkapitel noch einmal wiederholen.

1 DE HANNIBALE IMPERATORE (I)

STOFF:
☆ ACI
☆ NCI
☆ Participium Coniunctum

☆ alle Zeiten im Indikativ

UMFANG: 95 Wörter

1 Cum Hannibal puer IX annorum erat, eius pater, cui nomen Hamilcar fuit,
2 cum exercitu in Hispaniam discedens e filio quaesivit: „Cupisne mecum in
3 castra venire?" Hannibal, postquam se huius rei cupidum esse respondit,
4 a patre iurare iussus est: „Numquam amicus Romanorum ero!" Id iusiu-
5 randum *(„Eid", Akk.)* patri datum usque ad mortem servavit.
6 Paucis annis post Hannibalem cunctas Hispaniae gentes vicisse constat.
7 Deinde cum longo agmine peditum elephantorumque Italiam petivit, ubi,
8 quamquam auxiliis caruit, plurima oppida expugnavit. Dum denique
9 urbem Romam oppugnat, incolae metu affecti clamavisse dicuntur:
10 „Hannibal ante portas!" Tamen ille urbem egregie defensam numquam
11 occupare potuit.

F 1: Mit welchem Wort ist *discedens* (Zeile 2) übereingestimmt?
F 2: Setze *ero* (Zeile 4) in alle Zeiten!
F 3: Bilde alle Infinitive zu *vicisse*!
F 4: Wie lauten Grundstufe und Komparativ zu *plurima*?

2 DE HANNIBALE IMPERATORE (II)

STOFF:
- ☆ ACI
- ☆ NCI
- ☆ ut-Sätze
- ☆ cum-Sätze
- ☆ Participium Coniunctum

UMFANG: 98 Wörter

1 Apud Livium legimus Hannibalem exercitum per Pyrenaeum *("die*
2 *Pyrenäen")* transportavisse, ut quam celerrime Italiam irrumperet. In
3 Alpibus, quas nemo umquam cum exercitu transcenderat, itinera munivit,
4 ut elephanti ire possent, ubi antea homines vix repere *("kriechen")* potu-
5 erant. Postquam in Italiam pervenit, compluribus proeliis copias Roman-
6 orum vicit. Post crudelissimum proelium apud Cannas, quo multa milia
7 militum Romanorum necati sunt, unus ex eius legatis exclamavisse dicitur:
8 „Nunc Romam occupabimus! Mihi persuasum est nos die quinto victores
9 in Capitolio cenaturos esse!" Cum Hannibali persuadere non posset, ut
10 huic consilio pareret, legatus dixit: „Di haud omnia eidem dederunt.
11 Vincere quidem potuisti, sed victoria uti non potes!"

F 1: Um welches *ut* handelt es sich in Zeile 2?
F 2: Bilde die Stammformen zu: *possent, vicit, uti*!
F 3: Setze im Indikativ in alle Zeiten: *dederunt*.
F 4: Bilde den Konjunktiv Präsens zu *potes*!

3 DE REGE RANARUM

STOFF:	☆ Konjunktiv im Hauptsatz	☆ Participium Coniunctum
	☆ ut-Sätze	
	☆ cum-Sätze	**UMFANG:** 108 Wörter

1   Cum ranis olim nimia *(nimius 3 „allzu groß")* libertas displiceret, una ex iis
2   „Neptunum adeamus", inquit, „ut regem nobis mittat, ne diutius consilio
3   ducis careamus!" Omnes parent et a Neptuno regem petunt. Ille autem,
4   cum earum preces audivisset, truncum *(truncus, -i „Baumstamm")* in
5   aquam demisit *(demittere „werfen")*. Ranae metu affectae quam celer-
6   rime se abdiderunt, ne a rege novo cernerentur. Tum timidissima:
7   „Utinam ne a rege tam horrido regeremur!" Alia autem paulo fortior,
8   cum truncum diligenter inspexisset, clamavit: „Ne timueritis: Neque
9   dicere neque se movere potest!" Mox cunctae in trunco sedentes a Nep-
10 tuno petunt, ut sibi pro illo rege inutili *(inutilis, -e „unnütz")* meliorem
11 mittat. Deinde Neptunus hydram *(hydra, -ae „Wasserschlange")* misit,
12 quae multas earum necavit. Tum ceterae Neptunum rogaverunt, ut sibi
13 auxilio veniret – sed frustra.

F 1: Um welchen Konjunktiv handelt es sich bei *adeamus* (Zeile 2)? Was drückt er aus?
F 2: Finde alle Konjunktive PlQPf. im Text heraus!
F 3: Welche Funktion hat der Konjunktiv *ne timueritis* (Zeile 8)?
F 4: Um welches *ut* handelt es sich im letzten Satz?

4 DE ARCHIMEDE

STOFF:
- ☆ Konjunktiv im Hauptsatz
- ☆ ACI
- ☆ ut-Sätze
- ☆ cum-Sätze
- ☆ indirekte Fragesätze
- ☆ konjunktivische Relativsätze
- ☆ Participium Coniunctum
- ☆ Gerundium

UMFANG: 98 Wörter

1 Cum Romani Syracusas oppugnarent, Syracusani ab Archimede auxilium
2 petiverunt. Haud frustra: Syracusanos artem bene defendendi docuit.
3 Talia enim tormenta *(tormentum, -i „Geschoß")* invenit, quibus saxa per
4 tantum spatium conici *(conicio M „schleudern")* possent, ut Romani ad
5 urbem adeuntes iam procul laederentur. Urbs, cum tres annos optime
6 defensa esset, tamen anno CCXII a.Chr.n. expugnata est. Imperator
7 Romanus, qui quemquam civium necari nollet, imperavit, ne qui miles
8 Romanus in occupando ullum civem aggrederetur. Tamen Archimedes
9 vita decessit. Nam militi cuidam, qui rapiendi causa eius domum intra-
10 verat et ex eo quaesivit, quis esset, nihil nisi haec respondit: „Ne circulos
11 *(circulus, -i „Kreis")* meos turbaveris!" Quibus verbis iratus miles Archime-
12 dem gladio necavit.

F 1: In welchem Satz wird ein Verbot ausgesprochen?
F 2: Finde alle Konjunktive Imperfekt im Text!
F 3: Wie viele Gerundium-Formen sind im Text enthalten?
F 4: Um welches *ut* handelt es sich in Zeile 4?

5 DE MIDA REGE

STOFF:
- ☆ Konjunktiv im Hauptsatz
- ☆ ACI
- ☆ Ablativus absolutus
- ☆ ut-Sätze
- ☆ cum-Sätze
- ☆ Participium Coniunctum
- ☆ attributives und prädikatives Gerundiv

UMFANG: 100 Wörter

König Midas hat Silen, den verloren gegangenen Begleiter des Weingottes Bacchus, wieder gefunden, gepflegt und dem Bacchus zurückgebracht. Dieser ist hoch erfreut und sagt zu Midas:

1 „Facinus tuum laudandum est! Cum amicum meum servaveris, tibi maxi-
2 mam gratiam debeo. Ergo tibi facultatem muneris optandi dabo." Rex
3 autem stultus „Fac", inquit, „ut omnia, quae tetigero, in aurum verta-
4 tur!" Baccho de stultitia hominis dolente tamen Midas gaudebat, quod
5 omnes res a se tactas in aurum verti vidit. At mox cognovit tale donum
6 hominibus nocere, nam panis quoque, cum tangebat, in aurum verteba-
7 tur. Tandem Midas fame coactus iterum Bacchum adiit et „Da, Bacche,
8 veniam *(venia, -ae „Gnade")*", inquit „meque illo malo libera!" Rege ita
9 orante deus commotus iussit eum in flumine quodam lavari. Sic rex serva-
10 tus est: Aurum de corpore humano in flumen cessit.

F 1: Um welche Form handelt es sich bei *servaveris* in Zeile 1?
F 2: Finde alle Ablativi absoluti heraus!
F 3: Gib die Stammformen zu *cognovit, coactus, commotus, cessit* an!
F 4: Setze *iussit* im Indikativ in alle Zeiten!

6 DE RAPTU SABINARUM

STOFF:
- ☆ Konjunktiv im Hauptsatz
- ☆ ACI + NCI
- ☆ Ablativus absolutus
- ☆ ut-Sätze
- ☆ cum-Sätze
- ☆ Participium Coniunctum
- ☆ Gerundium
- ☆ Gerundiv

UMFANG: 100 Wörter

1 Roma condita Romulus sensit numerum feminarum in urbe habitan-
2 tium minorem esse. Itaque exclamavisse dicitur: „Adeamus Sabinos, ut
3 nobis filias in matrimonium dent!" Paulo post legati ad Sabinos missi
4 redierunt nuntiaveruntque se non bene acceptos, sed repulsos esse.
5 Qua re adducti Romani constituerunt, ut feminas dolo et vi caperent.
6 Sabinos igitur invitaverunt, ut ludis Romanis interessent. Dum hospites
7 ludos spectantes in amphitheatro morantur, adulescentes Romani
8 Romulo duce filias Sabinorum rapuerunt. Nisi Romani tum ita egissent,
9 populus Romanus semper parvus mansisset.

F 1: Um welchen Konjunktiv handelt es sich bei *adeamus* (Zeile 2)? Was drückt er aus?
F 2: Finde alle Konjunktive PlQPf. im Text heraus!
F 3: Welche Funktion hat der Konjunktiv *nisi . . . egissent* (Zeile 8)?
F 4: Setze *mansisset* (Zeile 9) in alle übrigen Konjunktive!

7 QUOMODO CONSTANTINUS IMPERATOR FACTUS SIT

STOFF:	☆ ACI	☆ cum-Sätze
	☆ Ablativus absolutus	☆ Deponentia
	☆ ut-Sätze	**UMFANG:** 98 Wörter

Im Jahr 312 n.Chr. kam es zwischen Konstantin und Maxentius zu einer Schlacht um die Alleinherrschaft in Rom. Ihr Ausgang hat die weitere Entwicklung des römischen Staates entscheidend beeinflusst:

1 Cum Maxentius Romae moraretur, quod ei nuntiatum erat se moriturum
2 esse, si urbem relinqueret, bellum per idoneos duces gerebatur. Diu pug-
3 natum est, dum exercitus Maxentii, cui plus copiarum erat, vincere visus
4 est. Tum autem factum est, ut Constantinus nocte a Deo admoneretur, ut
5 signum Christi in scutis militum adfigeret. Quo facto milites Constantini
6 novis viribus hostes aggressi sunt. Interim Maxentius, qui proelio interesse
7 voluit, libros Sibyllinos *(libri Sibyllini: eine Sammlung von Orakelsprüchen)*
8 inspici iubet. In quibus repertum est illo die hostem Romanorum inter-
9 iturum esse. Quo responso spe victoriae completus ipse ad milites suos se
10 contulit. Sed etiam Maxentio duce eius exercitus victus est Deo Constanti-
11 num servante.

F 1: Wie viele Ablativi absoluti sind in diesem Text enthalten?

F 2: Bilde die Stammformen zu: *relinqueret, aggressi sunt, contulit*!

F 3: Welches Zeitverhältnis drückt *(hostem . . .) interiturum esse* (Zeile 8 f.) aus?

F 4: Um welchen Genetiv handelt es sich bei *plus copiarum* (Zeile 3)?

8 DE VULPE ET CORVO

STOFF:
- ACI
- NCI
- Ablativus absolutus
- Konjunktiv im Hauptsatz
- ut-Sätze
- cum-Sätze
- Participium Coniunctum
- prädikatives + attributives Gerundiv
- Deponentia

UMFANG: 100 Wörter

1 Constat multos poetas Romanos in carminibus scribendis operibus poe-
2 tarum Graecorum usos esse. Etiam Phaedrus, servus Graecus, qui Augu-
3 sto imperatore Romae vixit, nonnullas fabulas, quas Aesopus Graecus
4 primus narravisse dicitur, in linguam Latinam vertit. Inter quas etiam haec
5 erat:
6 Corvus, cum caseum *(caseus, -i „Käse")* rapuisset, in arbore consederat.
7 Eo ibi sedente vulpes appropinquavit, quae caseum in ore corvi aspiciens
8 locutus est: „O corve! Quam pulchrum est corpus tuum! Si tua vox
9 eadem pulchritudine esset, vix alium reperirem, qui tibi similis esset!" Hac
10 laude audita stultus corvus, dum vocem ostendere vult, caseum ex ore
11 amisit. Vulpes autem corvo tum demum dolum intellegente caseum
12 rapuit.

F 1: Wie viele Ablativi absoluti sind in diesem Text enthalten?
F 2: Bilde die Stammformen zu: *usos esse, locutus est, intellegente*!
F 3: Welches Zeitverhältnis drückt der Satz *cum . . . rapuisset* (Zeile 6) aus?
F 4: Setze *vult* in alle Zeiten des Indikativs!

* Solange ich atme, hoffe ich!

9 LAUS VITAE RUSTICAE

STOFF:
- ☆ ACI
- ☆ Ablativus absolutus
- ☆ Konjunktiv im Hauptsatz
- ☆ ut-Sätze
- ☆ indirekte Fragesätze
- ☆ Participium Coniunctum
- ☆ prädikatives Gerundiv

UMFANG: 98 Wörter

Nicht nur heutzutage, sondern auch bei den alten Römern hat so mancher Städter die Sehnsucht verspürt, sich aufs Land zurückzuziehen. Einer von ihnen war der berühmte Dichter Horaz, der – wenn er nicht Dichter gewesen wäre – vielleicht folgenden Brief geschrieben hätte:

1 Cur urbem laudem? Romae cottidie tot officia mihi suscipienda sunt:
2 Alter me ad iudicium *(iudicium, -i „Gerichtsverhandlung")* aut ad nuptias
3 vocat, alter me invitat, ut versus suos audiam. Eius carminibus auditis in
4 extrema urbis parte quidam amicus aeger mihi visitandus est. Horribile
5 dictu, quot pericula mihi per vias properanti immineant! Vel turba ser-
6 vorum dominum portantium vel grex mulorum *(mulus, -i „Maultier")* me
7 urget, vehicula saxis onusta *(onustus 3 „beladen")* vehuntur, machina
8 *(„Kran", Nom.)* mox tignum *(„Balken", Akk.)*, mox lapidem *(lapis, -idis*
9 *„Steinblock")* ingentem tollit, ut mihi semper verendum sit, ne quid mihi
10 in caput cadat. Num arbitraris me inter tot pericula versus scribere posse?
11 Ergo officiis relictis me in villam meam recipere soleo, ubi otio silentioque
12 frui mihi licet.

F 1: Bestimme Art und Funktion der Konjunktivform *laudem* (Zeile 1)!
F 2: Bilde die Stammformen zu: *tollit, cadat, frui!*
F 3: Wie viele Gerundiva sind im Text enthalten?
F 4: Um welche Satzart handelt es sich bei *quot pericula . . . mihi immineant* (Zeile 5)?

10 DE DAEDALO ICAROQUE

STOFF:
- ACI
- Ablativus absolutus
- Konjunktiv im Hauptsatz
- ut-Sätze
- cum-Sätze
- Deponentia
- Gerundium
- attributives Gerundiv

UMFANG: 96 Wörter

1 Daedalus Atheniensis, quem olim celeberrimum artificem *(artifex, -icis m.*
2 *„Künstler")* fuisse constat, in Cretam insulam venerat labyrinthi *(labyrin-*
3 *thus, -i „Labyrinth")* aedificandi causa. Quo opere confecto Minos rex
4 Daedalum eiusque filium vi retinuit. Ergo Daedalus amore patriae com-
5 motus filium adlocutus est: „Cum nobis nulla facultas fugiendi terra
6 marique sit, tamen caelum nobis patet *(pateo 2 „offenstehen")*. Itaque
7 alas *(ala, -ae „Flügel")* construamus, quibus in patriam revertamur!" Alis
8 comparatis pater veritus, ne filius arte volandi nimis frueretur, eum horta-
9 tus est, ut se semper sequeretur: „Me duce via inter mare caelumque
10 utere!" Filius autem, ut saepe fit, praeceptorum patris oblitus soli appro-
11 pinquavit et alis amissis in mare decidit.

F 1: Wie viele Ablativi absoluti sind in diesem Text enthalten?
F 2: Bilde die Stammformen zu: *confecto, revertamur, sequeretur*!
F 3: Wie könnte man die Wendung *labyrinthi aedificandi causa* (Zeile 2 f.) noch ausdrücken?
F 4: Bestimme alle *ut-* (bzw. *ne-*) Sätze!

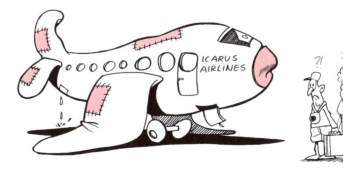

11 DE POLYPHEMO

STOFF:
- ☆ Ablativus absolutus
- ☆ Participium Coniunctum
- ☆ attributives Gerundiv
- ☆ ut-Sätze
- ☆ cum-Sätze
- ☆ indirekte Fragesätze
- ☆ si-Sätze

UMFANG: 100 Wörter

1 Troia expugnata Ulixes cum nonnullis sociis patriam petens plurimos
2 labores suscipere debuit. Quodam die cibi quaerendi causa ad quandam
3 insulam navem appulerunt. Ibi antrum intraverunt nescientes, quis in eo
4 habitaret. Cum paulo post Cyclops, dominus antri, reveniret Graecosque
5 reperiret, eos gratam praedam putavit. Duobus ex iis necatis ceteros
6 ingenti saxo in limine speluncae posito fuga prohibuit. Certe cuncti necati
7 essent, nisi Ulixes dolum invenisset: Monstro tantam vini multitudinem
8 praebuit, ut Polyphemus mox vi vini superatus quieti se daret. Tum Ulixes
9 Cyclopem dormientem uno oculo, quem media in fronte *(frons, frontis*
10 *„Stirn")* habebat, privavit, ut Graeci monstro non intellegente clam ex
11 antro fugere possent.

F 1: Wie viele Ablativi absoluti sind in diesem Text enthalten?
F 2: Um welche Satzart handelt es sich bei *quis in eo habitaret* (Zeile 3 f.)?
F 3: Wie könnte man die Wendung *cibi quaerendi causa* (Zeile 2) noch ausdrücken?
F 4: Um welches *ut* handelt es sich bei *ut Polyphemus mox . . . quieti se daret* in Zeile 8?

12 DE ARIONE CANTATORE

STOFF:
- ☆ Ablativus absolutus
- ☆ Participium Coniunctum
- ☆ Gerundium
- ☆ ut-Sätze

- ☆ cum-Sätze
- ☆ indirekte Fragesätze
- ☆ Deponentia
- **UMFANG:** 101 Wörter

1 Arion, cum sua arte cantandi in Sicilia magnas opes sibi paravisset, navem
2 conscendit, ut in Graeciam patriam reverteretur. Sed nescivit, quantum
3 periculum sibi immineret. Portu enim relicto nautae subito ab eo postula-
4 verunt, ut sibi opes suas traderet. Cum eos consilio prohibere studeret,
5 tandem una concessio *(„Zugeständnis")* ei data est: Ad lyram carmen
6 supremum canere ei licuit. Veste pulchra et corona ornatus carmen ulti-
7 mum cantavit. Quo finito nautae crudeles poetam adierunt, ut opibus
8 potirentur. At tum ille, ne manibus eorum interiret, in aquam desiluit. Sed
9 mare tutius quam navis fuit: Voluntate deorum subito delphini appropin-
10 quaverunt cantatoremque tergis suis per undas abstulerunt.

F 1: Bilde alle Konjunktive zu *paravisset* (Zeile 1)!

F 2: Um welchen *cum*-Satz handelt es sich bei *cum . . . studeret* (Zeile 4)?

F 3: Setze *abstulerunt* (Zeile 10) in alle Zeiten!

F 4: Um welches *ne* handelt es sich bei *ne manibus eorum interiret*
(Zeile 8)?

BECKENACHTEN UND ARMKREISEN

Du fühlst dich schlaff?

„Male" mit deinem Becken eine Acht, damit dein Körper Energie zum schöpferischen Träumen bekommt:

Du stehst mit leicht gebeugten Knien, die Füße sind hüftbreit auseinander. Du streckst die Arme nach hinten und verschränkst die Daumen ineinander. Nun machst du mit den Hüften eine Vor- und Rückwärtsbewegung, sodass daraus eine Acht entsteht. Der Oberkörper bleibt dabei aufrecht, die Atmung ist fließend.

Achte darauf, dass die Ellbogen möglichst gestreckt bleiben.

Wiederholung der Übung: 30-mal

Eine letzte Übung zur Aktivierung deiner Energie:

Du stehst hüftbreit, die Knie locker. Du kreist nun mit beiden Armen gleichzeitig von vorne nach oben, über den Kopf nach hinten.

Achte darauf, dass die Ellbogen gestreckt bleiben.

Wiederholung der Übung: 50-mal

9. DURCHSTARTÜBUNG!

LATEIN – EINE „TOTE" SPRACHE?

Hast du eigentlich gewusst, dass Latein nicht nur die Sprache der alten Römer war, sondern dass es auch heute noch Zeitungen mit lateinischen Nachrichten gibt? Zum Beweis findest du auf den nächsten drei Seiten einige Kostproben aus den **„Nuntii Latini"** („Lateinischen Nachrichten"), die der Autor dieses Buches seit 1993 für die österreichische Tageszeitung KURIER geschrieben hat. In diesen Texten geht es einmal nicht um Caesar, Cicero & Co., sondern um Bill Clinton, verliebte Flugzeugpiloten sowie Schüler als Bankräuber – und das alles in lateinischer Sprache! Auf diese Weise kannst du sehen, dass Latein nicht nur die Sprache der alten Römer war, sondern auch heute noch für die Wiedergabe aktueller Ereignisse verwendet werden kann – und daher keineswegs, wie manche behaupten, eine „tote" Sprache ist!

Während für die **Syntax** dieser Texte dieselben Regeln gelten wie für „klassische" lateinische Texte, werden dir bei den **Vokabeln** natürlich einige im Lateinunterricht noch nie untergekommen sein, da sie Dinge bezeichnen, die die Römer noch nicht kannten (wie z. B. das Atomkraftwerk, das Auto oder das Hühneraugenpflaster) – solche findest du direkt im Text erklärt. Andere, die zwar neulateinisch sind, aber für sich sprechen (wie z. B. *parlamentum, aeroplanum, internationalis* u. a.), wirst du selbst problemlos übersetzen können.

Also, auf los geht's los – *multum gaudium*!

143

1. GELD REGIERT DIE (SCHUL-)WELT

In aliis terris alii mores sunt: In urbe Russica Balakowo cuncti discipuli cuiusdam gymnasii, qui malas censuras acceperunt, pecunia multantur. Tamen contra spem numerus censurarum bonarum adhuc non auctus est: Discipuli novam poenam minime maiore discendi studio evitare student, sed maiores a minoribus census protectionis *(census [-us] protectionis „Schutzgeld")* postulare coeperunt. – Aliam rationem pecuniae parandae IV discipuli in Nova Zelandia *(„Neuseeland")* experti sunt: A magistra psychologiae in argentariam filialem *(argentaria filialis „Bankfiliale")* missi sunt, ut cognoscerent, quid praedator in tali condicione sentiret. At modum excedentes *(excedere „überschreiten")* ab officiale argentario *(officialis argentarius „Bankbeamter")* re vera pecuniam poposcerunt. Nunc non in scamnis scholasticis *(scamnum scholasticum „Schulbank")*, sed in carcere sedent.

2. VOM JUBEL ZUM BEINBRUCH

Quam periculosum sit, televisione pedipiludia *(pedipiludium, -i „Fußball-match")* spectare, ex *(„seit")* aestate superiore in Anglia disputatur. Nam per Europaeum campionatum pedifollii duae fautrices fanaticae *(fautrix fanatica „Fan")* pedipiludium manipulorum *(manipulus, -i „Team")* Angliae Germaniaeque televisione *(televisio, -onis „Fernsehen")* spectantes, cum manipulus Anglicus follem *(follis, -is m. „Ball")* per portam iecisset, inflammatae e sede exsiluerant singulaque crura fregerant. Medicus, qui duas feminas curavit, attonitus dixit: „Talibus laesionibus ne lusores ipsi quidem affici solent!" Itaque suadet, ut ii, qui televisione pedipiludia spectant, calceis specialibus *(calceus specialis „Spezialschuh")* utantur, quibus talia vulnera prohibeantur. Praeterea suadet, ut fautores domestici ante sibilum initialem *(sibilus initialis „Anpfiff")* corpora sua currendo calefaciant *(calefacere „aufwärmen")*. Quod consilium praeses *(praeses, -idis „Vorsitzender")* Britannicae Societatis Medicinae Athletarum repudiat *(repudiare „zurückweisen")*: „Hoc ne ab athletis quidem impetrare possumus – ergo non est, quod spectatores hoc faciant!"

3. GEFÄHRDET FERNSEHEN HUNDE?

Cum adhuc disputetur, num liberis televisionem spectantibus damnum afferatur, nunc inter omnes constat canes televisione in periculum adduci. Ut Sinicis *(Sinicus 3 „chinesisch")* actis diurnis *(acta diurna „Zeitung")*, quibus nomen Xinmin Wanbao est, nuper narratum est, quidam vir cum cane suo vesperum commode ante televisorium *(televisorium, -i „Fernsehgerät")* agere in animo habuit. Dum cinematographicum spectaculum criminale *(„Kriminalfilm", Akk.)* olim in Democratica Republica Germanica confectum spectant, subito furcifer *(„Bösewicht")* bene barbatus sclopetum *(„Gewehr", Akk.)* manu tenens in albo televisifico *(album televisificum „Bildschirm")* apparuit. Tum canis latrare *(„bellen")* atque per totam habitationem furere coepit. Nonnullis secundis post ore spuma *(spuma, -ae „Schaum")* tectus corruit – infarcto myocardii *(infarctum myocardii „Herzinfarkt")* necatus. At dominus saltem spectaculum cinematographicum sustinuit *(sustinere „überleben")*.

4. SINGT CLINTON LATEINISCH?

Hoc nondum de conventu praesidentis Americani et Russici nuper Helsinkii habito narratum est: Ut Britannicis actis diurnis *(acta [-orum] diurna „Zeitung")*, quibus nomen „Custos" est, refertur, inter conventus moram Dr. Ammondt, cantator Finnicus, prodiit, ut suam versionem Latinam carminis illius Elvis Presley cantatoris, quod „Don't be cruel" inscribitur, cantaret: „Ne saevias verbo, quod diximus, vita, si laederis; mitte praeterita, nam sol lucet posteris." Carmine finito diurnariis *(diurnarius, -i „Journalist")* attonitis explicavit: „Hoc carmen Clinton Boridi Ieltsin cantet, scilicet Latine. Nam lingua Latina vere internationalis est." Cum Clinton huic consilio non pareret, tamen inter diurnarios propter malam valetudinem utriusque praesidentis dubium non fuit, quod carmen Elvis cantatoris huic conventui aptissimum esset: Carmen, quod „Nunc distrahor" *(„All shook up")* inscribitur, hanc sententiam continet: „Manibus tremo, tremo genibus, ambobus non sto nunc pedibus."

5. VOM WINDE VERWEHT

Vir ex Argentinia oriundus *(„stammend")*, cum variis modis frustra temptavisset, quomodo amorem feminae, quam amabat, adipisceretur, denique ultima ausus est. Aeroplanum *(„Flugzeug", Akk.)* conduxit *(conducere = „mieten")*, quod multis milibus rosarum oneravit *(onerare = „beladen")*. Quod cum fecisset, aeroplano rosifero *(rosifer 3 = „rosentragend")* aera carpsit *(„aufsteigen")*, ut vecturam *(vectura, -ae = „Fracht")* pretiosam supra villam amoris sui spargeret *(spargere „ausstreuen")*. Qua in re amatori misero fortuna non favit: Flores vento ad castra militaria rapti sunt, ubi magnam conclamationem *(„Alarm", Akk.)* effecerunt. Aeroplano ad terram reverso custodes publici aeroplanigam *(„Pilot", Akk.)* comprehenderunt eique custodiam complurium annorum ostentaverunt *(„androhen")*, quod ius circa aera *(„Luftrecht")* violavisset. Postremo autem viri miseriti sunt eumque in libertatem vindicaverunt. Quidam custos publicus dixit: „Vir desperatissimus erat neque scivit, quid faceret, ut amorem puellae sibi pararet." Num vir *(neu)* rosifer facinore supra narrato finem suum re vera impetraturus sit, dubitandum est.

Mit Freude leichter lernen!

Durchstarten mit Nuntii Latini 2
Übersetzungsvergnügen mit lateinischen News

ISBN 978-3-7058-6570-9

Nuntii Latini, Teil 2 enthält eine neue Zusammenstellung amüsanter und skurriler Zeitungsmeldungen aus aller Welt, die in den letzten Jahren in der österreichischen Tageszeitung KURIER erschienen sind. Die Themenpalette reicht vom 105-Jährigen im Kindergarten über die Kirschkernspuck-WM bis zum indischen Stechmückenminister. Die Illustrationen steuerte der bekannte Karikaturist Bruno Haberzettl bei. Als Übersetzungshilfen sind zu den lateinischen Texten die jeweils wichtigsten Vokabel angegeben. Die vollständigen Übersetzungen finden sich am Ende des Buches.

Bei Ihrem Buchhändler oder jetzt gleich bestellen:
Rufen Sie einfach an, schicken Sie ein Fax oder ein E-Mail!
Tel. 0043/(0)732/77 64 51/2280, Fax: 0043/(0)732/77 64 51/2239, E-Mail: kundenberatung@veritas.at

www.veritas.at

INDEX VOCABULORUM – VOKABELVERZEICHNIS

a, ab (+ Abl.)	von
abdo 3, abdidi, abditum	verstecken
abeo, -ire, -ii, -itum	weggehen
abhorreo 2, -ui	zurückschrecken
absens, -entis	abwesend
absum, -esse, afui	fehlen, abwesend sein
ac (= atque)	und
accedo 3, -cessi, -cessum	hinzukommen
accido 3, -cidi	geschehen
accipio M, -cepi, -ceptum	aufnehmen, erhalten, hören
acer, acris, acre	scharf, heftig
ad (+ Akk.)	zu, bei, an
addo 3, -didi, -ditum	hinzufügen
adeo, -ire, -ii, -itum	sich wenden an
adhuc	bis jetzt, noch immer
adipiscor 3, adeptus sum	erreichen, erlangen
adiuvo 1, -iuvi, -iutum (+ Akk.)	helfen
adloquor 3, adlocutus sum	ansprechen
admirabilis, -e	bewundernswert
admiratio, -onis f.	Bewunderung
admoneo 2	ermahnen
adolesco 3, -levi, adultum	heranwachsen
adoro 1	anbeten
adsum, -esse, -fui	anwesend sein; helfen
adulescens, -entis m.	Jüngling
advenio 4, -veni, -ventum	ankommen
adventus, -us m.	Ankunft
adversus (+ Akk.)	gegen
advoco 1	herbeirufen
aedes, -is f.	Tempel; Pl.: Haus
aedificium, -i n.	Gebäude
aedifico 1	erbauen
aeger, -gra, -grum	krank
Aeneas, Aeneae m.	Äneas
aequus 3	gleich
aestas, -atis f.	Sommer
aestimo 1	schätzen
aetas, -atis f.	Zeit(alter)
affero, afferre, attuli, allatum	überbringen
afficio M, -feci, -fectum	erfüllen
ager, agri m.	Feld
aggredior M, aggressus sum	angreifen
agito 1	tun, treiben
agmen, -inis n.	(Heeres-) Zug
ago 3, egi, actum	tun, verbringen
agricola, -ae m.	Bauer
agricultura, -ae f.	Ackerbau
agriculturae studere	Ackerbau betreiben
alienus 3	fremd
aliquando	irgendwann
aliquis, aliquid	irgendeiner
alius, alia, aliud	ein anderer
alius – alius	der eine – der andere
alo 3, alui, altum	ernähren
alter, -era, -erum	der andere
alter – alter	der eine – der andere
amator, -oris m.	Liebhaber
ambo, -ae, -o	beide
ambulo 1	spazieren gehen
amica, -ae f.	Freundin
amicitia, -ae f.	Freundschaft
amicus, -i m.	Freund
amitto 3, -misi, -missum	verlieren
amo 1	lieben
amor, amoris m.	Liebe
amphitheatrum Flavium n.	Kolosseum
amplus 3	weit, bedeutend
Anglia, -ae f.	England
angustus 3	eng
anima, -ae f.	Seele
animal, -alis n.	Tier
animus, -i m.	Sinn, Geist
animo deficere	die Hoffnung aufgeben
in animo habere	vorhaben
annus, -i m.	Jahr
anser, -eris m.	Gans
ante (+ Akk.)	vor
ante (Adv.)	vorher
antiquus 3	alt
antrum, -i n.	Höhle
aperio 4, aperui, apertum	öffnen
apertus 3	offen
appareo 2	erscheinen
appello 1	nennen

appello 3, appuli, appulsum	hintreiben
navem appellere	landen
appropinquo 1	sich nähern
aptus 3	geeignet
apud (+ Akk.)	bei
aqua, -ae f.	Wasser
ara, -ae f.	Altar
arbor, -oris f.	Baum
arca, -ae f.	Truhe, Kiste
arceo 2	fern halten
arcesso 3, -ivi, -itum	(herbei)holen
Archimedes, -is m.	A. (berühmter Physiker)
arcus, -us m.	Bogen
ardeo 2, arsi	(ver)brennen
arma, -orum n.	Waffen
aro 1	pflügen
ars, artis f.	Kunst
arx, arcis f.	Burg
ascendo 3, ascendi, -censum	besteigen
aspicio M, -spexi, -spectum	erblicken
at	aber
ater, atra, atrum	schwarz
Athenae, -arum f.	Athen
Athenienses, -ium m.	die Athener
athleta, -ae m.	Sportler
atque (= ac)	und
attentus 3	aufmerksam
attineo 2, attinui (ad)	betreffen
attonitus 3	erstaunt
auctor, -oris m.	Urheber, Ahnherr
auctoritas, -atis f.	Ansehen
audeo 2, ausus sum	wagen
audio 4	hören
aufero, -ferre, abstuli, ablatum	wegnehmen
augeo 2, auxi, auctum	vergrößern
Augustus, -i m.	Augustus (röm. Kaiser)
auratus 3	gebacken
aurum, -i n.	Gold
aureus 3	aus Gold
auris, -is f.	Ohr
aut	oder
autem	aber
auxilium, -i n.	Hilfe; Pl.: Hilfstruppen
auxilio venire	zu Hilfe kommen
avis, -is f.	Vogel
avunculus, -i m.	Onkel
avus, -i m.	Großvater
barbatus 3	bärtig
basio 1	küssen
beatus 3	glücklich
bellum, -i n.	Krieg
bene (Adv.)	gut
beneficium, -i n.	Wohltat
bestia, -ae f.	wildes Tier
bibo 3, bibi	trinken
bonus 3	gut
bos, bovis m./f.	Rind
brevis, -e	kurz
cado 3, cécidi	fallen
caedo 3, cecidi, caesus	fällen, töten
caelum, -i n.	Himmel; Wetter
Caesar, Caesaris m.	Cäsar
calidum, -i n.	Glühwein
calidus 3	heiß
campio, -onis m.	Meister
campus, -i m.	Feld
candela, -ae f.	Kerze
canis, -is m.	Hund
cano 3, cécini	singen
cantator, -oris m.	Sänger
canto 1	singen
capio M, cepi, captum	fangen; nehmen
Capitolium, -i n.	das Kapitol (Hügel)
captivus, -i m.	Gefangener
caput, -itis n.	Kopf; Hauptstadt
capitis damnare	zum Tod verurteilen
carcer, -eris m.	Gefängnis
careo 2 (+ Abl.)	entbehren
carmen, -inis n.	Lied; Gedicht
Carthaginienses, -ium m.	die Karthager
Carthago, -inis f.	Karthago (Stadt in N-Afrika)
carus 3	lieb, teuer
castra, -orum n.	Lager
casus, -us m.	Fall, Zufall

149

causa (+ Genetiv)	wegen
causa, -ae f.	Grund
cedo 3, cessi, cessum	weichen
celeber, -bris, -bre	berühmt
celebro 1	feiern
celer, -eris, -ere	schnell
celeritas, -atis f.	Geschwindigkeit
Celtae, -arum m.	die Kelten
cena, -ae f.	(Nacht-)Mahl
ceno 1	speisen
censeo 2	glauben, meinen
censura, -ae f.	Note
cerno 3, crevi, cretum	erkennen
certamen, -inis n.	(Wett-)Streit
certo 1	kämpfen, streiten
certus 3	sicher
aliquem certiorem facere	jmd. benachrichtigen
cervisia, -ae f.	Bier
ceteri, -ae, -a	die übrigen
cibus, -i m.	Speise
cippus, -i m.	Hinkelstein
circensis, -e	Zirkus
circum (+ Akk.)	um ... herum
circumdo 1, -dedi, -datum	umgeben
civilis, -e	bürgerlich, Bürger
civis, -is m.	Bürger
civitas, -atis f.	Gemeinde, Staat
clam	heimlich
clamo 1	rufen
clamor, -oris m.	Geschrei
clarus 3	berühmt
classis, -is f.	Flotte
claudo 3, clausi, clausum	(ab)schließen
cogito 1	denken
cognosco 3, cognovi, -nitum	erkennen, erfahren
cogo 3, coegi, coactum	sammeln, zwingen
colligo 3, collegi, collectum	sammeln
collis, -is m.	Hügel
colloco 1	anlegen, errichten
colo 3, colui, cultum	pflegen, verehren
comes, -itis m.	Begleiter
committo 3, -misi, -missum	(Kampf etc.) beginnen
commoveo 2, -movi, -motum	veranlassen
commuto 1	vertauschen
comparo 1	vorbereiten
compleo 2, -plevi, -pletum	er-, anfüllen
complures, complura	mehrere
compono 3, -posui, -positum	verfassen
comprehendo 3, -ndi, -nsum	ergreifen
concedo 3, -cessi, -ssum	erlauben
conclamo 1	zusammenrufen
concordia, -ae f.	Eintracht
condicio, -onis f.	Bedingung
confero, -ferre, -tuli, -latum	vergleichen
conficio M, -feci, -fectum	beenden; anfertigen
confido 3, confisus sum	vertrauen
coniungo 3, -iunxi, -iunctum	verbinden
coniunx, coniugis m./f.	Gatte, Gattin
coniuratio, -onis f.	Verschwörung
conor 1	versuchen
conscendo 3, -scendi, -nsum	besteigen
consentio 4, -sensi, -sensum	zustimmen
consido 3, -sedi, -sessum	sich niedersetzen
consilium, -i n.	Plan; Rat
constans, -antis	standhaft
constituo 3, -stitui, -tutum	beschließen
construo 3, -struxi, -structum	erbauen
consul, – lis m.	Konsul
consulo 3, consului, -sultum	befragen
contendo 3, contendi, -tentum	eilen; kämpfen
contineo 2, -tinui	beinhalten
contra (+ Akk.)	gegen
convenio 4, -veni, -ventum	zusammenkommen
conventus, -us m.	Zusammenkunft
convivium, -i n.	Festmahl, Orgie
copia, -ae f.	Menge; Pl.: Truppen
coquo 3, coxi, coctum	kochen, backen
cornu, -us m.	Horn; Heeresflügel
corona, -ae f.	Krone, Kranz
corpus, -oris n.	Körper
corrumpo 3, -rupi, ruptum	verderben
corvus, -i m.	Rabe
cottidie	täglich
cras	morgen
credo 3, credidi, -ditum	glauben
creo 1	(er)zeugen; wählen
crimen, -inis n.	Verbrechen
Croesus, -i m.	Krösus (reicher Kg.)
crudelis, -e	grausam
crudelitas, -atis f.	Grausamkeit
crus, cruris n.	Bein
crux, crucis f.	Kreuz
cubiculum, -i n.	Schlafzimmer
cubitum ire	schlafen gehen
cum (+ Abl.)	mit
cum (+ Indikativ)	wenn, sooft, als
cum (+ Konjunktiv)	als, nachdem, während; weil; obwohl
cum – tum	sowohl – als auch
cuncti, -ae, -a	alle
cunctor 1	zögern
cupiditas, -atis f.	Begierde
cupidus 3 (+ Genetiv)	begierig (nach)
cupio M, cupivi, cupitum	wünschen
cur	warum
cura, -ae f.	Sorge
curia, -ae f.	Rathaus
curo 1	sorgen
curro 3, cucurri, cursum	laufen
currus, -us m.	Wagen
cursus, -us m.	Kurs, Bahn
custodio 4	bewachen
custos, -odis m.	Wächter
custos publicus m.	Polizist
damno 1	verurteilen
damnum, -i n.	Schaden
de (+ Abl.)	von, über
dea, -ae f.	Göttin
debeo 2, debui, debitum	schulden; müssen
decem	zehn
decet (+ Akk.)	es gehört sich (für)
decido 3, -cidi	herabfallen
decimus 3	der Zehnte
decipio M, -cepi, -ceptum	täuschen
defendo 3, -fendi, -nsum	verteidigen
deficio M, -feci, -fectum	schwach werden
deinde	dann
delecto 1	erfreuen
deleo 2, delevi, deletum	zerstören
delphinus, -i m.	Delphin
demum	endlich
denique	schließlich
dens, dentis m.	Zahn
descendo 3, -scendi, -scensum	herabsteigen
desiderium, -i n.	Sehnsucht
desidero 1	vermissen, ersehnen
desilio 4, -silui	herabspringen
desisto 3, -stiti	ablassen
desperatus 3	verzweifelt
despero 1	verzweifeln
despicio M, -spexi, -ctum	verachten
desum, deesse, defui	fehlen
deturbo 1	vertreiben
deus, -i (Pl.: di) m.	Götter
dexter, dextra, dextrum	rechts
dico 3, dixi, dictum	sagen, nennen
Dido, -onis f.	Dido (karthag. Königin)
dies, diei m.	Tag
dies festus m.	Festtag
difficilis, -e	schwierig
difficultas, -atis f.	Schwierigkeit
digitus, -i m.	Finger
dignus 3 (+ Ablativ)	würdig
diligens, -entis	eifrig, fleißig
diligentia, -ae f.	Sorgfalt
diligo 3, dilexi, dilectum	lieben
discedo 3, -cessi, -cessum	weggehen
disciplina, -ae f.	Disziplin; Lehre
discipulus, -i m.	Schüler
disco 3, didici	lernen
displiceo 2	missfallen
disputo 1	diskutieren
diu	lange
diversus 3	verschieden
dives, -itis	reich
divido 3, divisi, divisum	teilen
divitiae, -arum f.	Reichtum
do 1, dedi, datum	geben
doceo 2, docui, doctum	lehren
doctus 3	gelehrt
doleo 2	bedauern
dolor, -oris m.	Schmerz
dolus, -i m.	List
domesticus 3	häuslich, Haus

domicilium, -i n.	Wohnsitz
dominus, -i m.	Herr
domo 1, -ui, -itum	zähmen
domus, -us f.	Haus
dono 1	(be)schenken
donum, -i n.	Geschenk
dormio 4	schlafen
druidae, -arum m.	die Druiden
dubito 1	(be)zweifeln
dubium, -i n.	Zweifel
duco 3, duxi, ductum	führen
dulcis, -e	süß, angenehm
dum	während; bis
duo, duae, duo	zwei
duplex, -icis	doppelt
dux, ducis m.	Führer
e, ex (+ Abl.)	von, aus
ecce	schau!
edico 3, edixi, edictum	ansagen
edisco 3, edidici	auswendig lernen
edo 3, edidi, editum	hervorbringen
educo 1	erziehen
efficio M, effeci, effectum	verursachen
egeo 2 (+ Abl.)	entbehren
ego	ich
egregius 3	hervorragend
elephantus, -i m.	Elefant
eligo 3, elegi, electum	(aus)wählen
enim (nachgestellt)	denn, nämlich
eo (Adv.)	dorthin
eo, ire, ii, itum	gehen
epistula, -ae f.	Brief
eques, equitis m.	Reiter
equus, -i m.	Pferd
ergo	deshalb
erro 1	(umher)irren
error, -oris m.	Irrtum, Irrfahrt
erumpo 3, erupi, eruptum	hervorbrechen
eruptio, -onis f.	Ausbruch
et	und
et – et	sowohl – als auch
etiam	auch, sogar
examino 1	prüfen
excidium, -i n.	Untergang
excito 1	aufwecken
exclamo 1	ausrufen
exemplum, -i n.	Beispiel
exerceo 2	üben, trainieren
exercitus, -us m.	Heer
existimo 1	glauben
expello 3, expuli, -pulsum	vertreiben
experior 4, expertus sum	versuchen
explico 1	erklären
exploro 1	erkunden
expono 3, -posui, -positum	ausstellen, aussetzen
expugno 1	erobern
exsilio 4, -silui	aufspringen
exspectatio, -onis f.	Erwartung
exspecto 1	erwarten
extremus 3	äußerster
fabula, -ae f.	Geschichte, Sage, Fabel
facilis, -e	leicht
facinus, -oris n.	Tat, Untat
facio M, feci, factum	tun, machen
facultas, -atis f.	Möglichkeit
facundia, -ae f.	Redegewandtheit
fama, -ae f.	Gerücht, Ruf
fames, -is f.	Hunger
familia, -ae f.	Familie
fas n.	Recht
fautor, -oris m.	Fan
faveo 2, favi, fautum (+ Dat.)	begünstigen
feliciter	Ski Heil!
felis, -is f.	Katze
felix, -icis	glücklich
femina, -ae f.	Frau
fere	fast; ungefähr
feriae, -arum f.	Ferien
fero, ferre, tuli, latum	(er)tragen, bringen
ferrum, -i n.	Eisen
fertur (+ NCI)	man berichtet
fervefactus 3	zum Glühen gebracht
fides, -ei f.	Treue
fido 3, fisus sum	vertrauen
fidus 3	treu
filia, -ae f.	Tochter
filius, -i m.	Sohn
finio 4	beenden
finis, -is m.	Ende, Ziel; Pl.: Gebiet
finitimus 3	benachbart
Finnicus 3	finnisch
fio, fieri, factus sum	gemacht werden
flamma, -ae f.	Flamme
flavus 3	blond, gelb
fleo 2, flevi, fletum	weinen
flos, floris m.	Blume
flumen, -inis n.	Fluss
fluvius, -i m.	Fluss
fons, fontis m.	Quelle
forma, -ae f.	Gestalt
fortasse	vielleicht
fortis, -e	tapfer
fortitudo, -inis f.	Tapferkeit
fortuna, -ae f.	Glück; Schicksal
fortunae, -arum f.	Hab und Gut
fossa, -ae f.	Graben
frater, fratris m.	Bruder
frumentum, -i n.	Getreide
fruor 3, fructus sum (+ Abl.)	genießen
frustra	vergeblich
fuga, -ae f.	Flucht
fugio M, fugi	fliehen
fulmen, -inis n.	Blitz
fungor 3, functus sum (+ Abl.)	erfüllen
funus, -eris n.	Begräbnis
Galli, -orum m.	die Gallier
gaudeo 2, gavisus sum	sich freuen
gaudium, -i n.	Freude
geminus, -i m.	Zwilling
gens, gentis f.	Volk, Geschlecht
genus, -eris n.	Geschlecht
gero 3, gessi, gestum	tragen; führen
gladiator, -oris m.	Gladiator
gladius, -i m.	Schwert
gloria, -ae f.	Ehre
Graeci, -orum m.	die Griechen
Graecia, -ae f.	Griechenland
Graecus 3	griechisch
gratia, -ae f.	Dank; Ansehen
gratiam habere	danken
gratias agere	danken
gratus 3	dankbar; angenehm
gravis, -e	schwer
grex, gregis m.	Herde; Schar
habeo 2	haben
habitatio, -onis f.	Wohnung
habito 1	wohnen
Hannibal, -alis m.	Hannibal
haud	nicht
heri	gestern
hic (Adv.)	hier
hic, haec, hoc	dieser
Hispania, -ae f.	Spanien
Homerus, -i m.	Homer
homo, -inis m.	Mensch
honestus 3	ehrenhaft
honos (honor), -oris m.	Ehre
hora, -ae f.	Stunde
horribilis, -e	schrecklich
horridus 3	schrecklich
hortor 1	ermahnen, ermuntern
hortus, -i m.	Garten
hospes, -itis m.	Gast; Gastgeber
hospitium, -i n.	Gastfreundschaft
hostis, -is m.	Feind
humanus 3	menschlich
iaceo 2	liegen
iacio M, ieci, iactum	schleudern, schießen
iam	schon
non iam	nicht mehr
ibi	dort
idem, eadem, idem	derselbe
idoneus 3	geeignet
Idus, -uum f.	die Iden
igitur	daher
ignis, -is m.	Feuer
ignoro 1	nicht wissen, nicht kennen
ignotus 3	unbekannt
ille, illa, illud	jener
immineo 2	drohen
imperator, -oris m.	Kaiser; Feldherr
imperium, -i n.	Reich; Herrschaft; Befehl
impero 1	befehlen
impetro 1	erreichen, erlangen

impetus, -us m.	Angriff
imprimis	vor allem
in (+ Abl.)	in, auf, bei
in (+ Akk.)	in, nach; gegen
incendium, -i n.	Brand
incendo 3, -cendi, -nsum	anzünden
incertus 3	ungewiss
incipio M, coepi, coeptum	beginnen
includo 3, -clusi, -clusum	einschließen
incola, -ae m.	Bewohner
incolo 3, -colui, -cultum	bewohnen
infans, -antis m./f.	Säugling
infelix, -icis	unglücklich
infinitus 3	unbegrenzt
inflammatus 3	begeistert
ingenium, -i n.	Talent
ingens, ingentis	gewaltig, riesig
inimicus, -i m.	Feind
initium, -i n.	Anfang
initio	anfangs
iniuria, -ae f.	Unrecht
inquit	er / sie sagt(e)
insanus 3	verrückt
inscribo 3, -scripsi, -scriptum	betiteln
inspicio M, -spexi, -spectum	besichtigen
instituo 3, -stitui, -tutum	einrichten
institutum, -i n.	Einrichtung
instruo 3, -struxi, -structum	ausrüsten
insula, -ae f.	Insel
integer, -gra, -grum	unversehrt
intellego 3, intellexi, -lectum	erkennen
inter (+ Akk.)	zwischen
interdum	manchmal
intereo, -ire, -ii, -itum	zugrunde gehen
interficio M, -feci, -fectum	töten
interim	inzwischen
interrogo 1	fragen
intersum, -esse, -fui	beiwohnen
intra (+ Akk.)	innerhalb
intro 1	be-, eintreten
invehor 3, invectus sum	hineinfahren
invenio 4, -veni, -ventum	erfinden
inventor, -oris m.	Erfinder
invictus 3	unbesiegt
invideo 2, -vidi, -visum (+ Dat.)	beneiden
invitatio, -onis f.	Einladung
invito 1	einladen
invitus 3	widerwillig
ipse, ipsa, ipsum	selbst
iratus 3	erzürnt
irrumpo 3, irrupi, irruptum	einfallen
is, ea, id	dieser; er
iste, ista, istud	dieser (da)
ita	so
itaque	daher
iter, itineris n.	Weg
iterum	wiederum
iubeo 2, iussi, iussum (+ Akk.)	befehlen
iudicium, -i n.	Gericht; Urteil
iudico 1	(be)urteilen
Iuno, -onis f.	Juno
Iuppiter, Iovis m.	Jupiter
ius, iuris n.	Recht
iussu	auf Befehl
iustitia, -ae f.	Gerechtigkeit
iustus 3	gerecht
iuvat	es freut
iuventus, -utis f.	Jugend
iuvo 1, iuvi, iutum (+ Akk.)	helfen
labor, -oris m.	Arbeit
lacrima, -ae f.	Träne
laedo 3, laesi, laesum	verletzen
laetitia, -ae f.	Freude
laetus 3	froh
Laocoon, -ontis m.	Laokoon (trojan. Priester)
latus 3	breit
laudo 1	loben
laus, laudis f.	Lob
lavo 1, lavi, lautum	waschen
legatus, -i m.	Statthalter; Gesandter
lego 3, legi, lectum	lesen
leo, -onis m.	Löwe
lepusculus, -i m.	Häschen
levis, -e	leicht
lex, legis f.	Gesetz
libellus, -i m.	Heft, Büchlein
libenter	gern
liber, -era, -erum	frei
liber, libri m.	Buch
liberi, -orum m.	Kinder
libero 1	befreien
libertas, -atis f.	Freiheit
libertus, -i m.	Freigelassener
licet	es ist möglich / erlaubt
ligneus 3	aus Holz
limen, -inis n.	Schwelle
lingua, -ae f.	Zunge; Sprache
littera, -ae f.	Buchstabe
litus, -oris n.	Küste
locus, -i m.	Ort
loca, -orum n.	Gegend
longus 3	lang
loquor 3, locutus sum	sprechen
ludus, -i m.	Spiel
lupa, -ae f.	Wölfin
lupus, -i m.	Wolf
lux, lucis f.	Licht
lyra, -ae f.	Leier
magis	mehr
magister, -tri m.	Lehrer
magistratus, -us m.	Beamter; Amt
magnificus 3	großartig
magnus 3	groß
maiores, -um m.	Ahnen
malum, -i n.	Übel, Unglück
malum, -i n.	Apfel
malus 3	schlecht
mandatum, -i n.	Bestellung
mando 1	anvertrauen
mane	morgens
maneo 2, mansi, mansum	bleiben
manus, -us f.	Hand; Schar
mare, -is n.	Meer
maritus, -i m.	Gatte
Mars, Martis m.	Mars
mater, matris f.	Mutter
matrimonium, -i n.	Ehe
maxime	am meisten
maximus 3	der Größte
medius 3	der Mittlere
melior, -ius	besser
memini, -isse (+ Gen.)	sich erinnern
memor, -oris (+ Gen.)	eingedenk
memoria, -ae m.	Gedächtnis
memoro 1	erwähnen
mens, mentis f.	Geist, Sinn
mensis, -is m.	Monat
meridies, -ei m.	Mittag
meritum, -i n.	Verdienst
metus, -us m.	Furcht
meus 3	mein
migro 1	reisen
miles, -itis m.	Soldat
militaris, -e	Militär
minime	keineswegs
minimus 3	der Kleinste
minister, -tri m.	Diener
minor, minus	kleiner
minuo 3, minui, minutum	verringern
minus (Adv.)	weniger
mirabilis, -e	wunderbar
miror 1	sich wundern
mirus 3	erstaunlich
miser, -era, -erum	elend, arm
misereor 2, miseritus sum	sich erbarmen
mitto 3, misi, missum	schicken
modo – modo	bald – bald
modus, -i m.	Art; Maß
moenia, -ium n.	Mauern
momentum, -i n.	Moment; Bedeutung
moneo 2	(er)mahnen
mons, montis m.	Berg
monstro 1	zeigen
monstrum, -i n.	Ungeheuer
monumentum, -i n.	Denkmal
mora, -ae f.	Verzögerung; Pause
morbus, -i m.	Krankheit
mordeo 2, momordi	beißen
moror 1	sich aufhalten
mors, mortis f.	Tod
mortuus 3	tot
mos, moris m.	Sitte
moveo 2, movi, motum	bewegen
mox	bald

multi, -ae, -a	viele
multitudo, -inis f.	Menge
multo 1	bestrafen
multum	viel
munio 4	befestigen
munus, -eris n.	Pflicht; Geschenk
murus, -i m.	Mauer
musica, -ae f.	Musik
muto 1	verändern, verwandeln
nam	denn
narratio, -onis f.	Erzählung
narro 1	erzählen
natio, -onis f.	Nation, Volk
natus 3	geboren
nauta, -ae m.	Seemann
navigo 1	segeln
navis, -is f.	Schiff
ne – quidem	nicht einmal
-ne (Fragepartikel)	(unübersetzt)
Neapolis, -is f.	Neapel
nec (= neque)	und nicht
neco 1	töten
neglego 3, -lexi, -lectum	vernachlässigen
nego 1	verneinen
negotium, -i n.	Beschäftigung
nemo	niemand
Neptunus, -i m.	Neptun (Meeresgott)
neque	und nicht
neque – neque	weder – noch
Nero, Neronis m.	Nero (röm. Kaiser)
nescio 4, -scivi, -scitum	nicht wissen
nihil	nichts
nimis (Adv.)	allzu
nimius 3	allzu groß
nisi	wenn nicht; außer
nivalis, -e	aus Schnee
nix, nivis f.	Schnee
nobilis, -e	vornehm
noceo 2	schaden
nocturnus 3	nächtlich
nolo, nolle, nolui	nicht wollen
nomen, -inis n.	Name
nomino 1	nennen
non	nicht
non solum – sed etiam	nicht nur – sondern auch
Nonae, -arum f.	die Nonen
nondum	noch nicht
nonne (Fragepartikel)	nicht?
nonnulli, -ae, -a	einige
nonnumquam	manchmal
nos	wir
nosco 3, novi, notum novi, novisse	kennen lernen kennen
noster, -tra, -trum	unser
novus 3	neu
nox, noctis f.	Nacht
nubo 3, nupsi (+ Dativ)	heiraten
nudatio, -onis f.	Entblößung
nullus 3	kein
num (Fragepartikel)	etwa?
numerus, -i m.	(An)Zahl
numquam	niemals
nunc	jetzt
nuntio 1	melden
nuntius, -i m.	Bote; Meldung
nuper	neulich
nuptiae, -arum f.	Hochzeit
ob (+ Akk.)	wegen
obliviscor 3, oblitus sum	vergessen
obses, -sidis m.	Geisel
obtempero 1	gehorchen
obviam	entgegen
occasio, -onis f.	Gelegenheit
occido 3, -cidi	sterben
occupatus 3	beschäftigt
occupo 1	besetzen
oculus, -i m.	Auge
odium, -i n.	Hass
officium, -i n.	Pflicht
oleum, -i n.	Öl
olim	einst
omnis, -e	jeder; Pl.: alle
opes, -um f.	Schätze
opinio, -onis f.	Meinung
oportet	es ist nötig
oppidum, -i n.	Stadt
opprimo 3, -pressi, -ssum	überwältigen

oppugno 1	belagern
optimus 3	der beste
opto 1	wünschen
opus, -eris n.	Werk
oraculum, -i n.	Orakel
orator, -oris m.	Redner
ordo, -inis m.	Reihe; Stand
origo, -inis f.	Ursprung
orior 4, ortus sum	entstehen; aufgehen
orno 1	schmücken
oro 1	beten
os, oris n.	Gesicht; Mund
os, ossis n.	Knochen
ostendo 3, ostendi	zeigen
otium, -i n.	Freizeit, Muße
ovis, -is f.	Schaf
Palatium, -i n.	der Palatin (Hügel)
panis, -is m.	Brot
par, paris	gleich
parco 3, peperci (+ Dat.)	schonen
parentes, -um m.	Eltern
pareo 2	gehorchen
Paris, -idis m.	Paris (ein Trojaner)
paro 1	bereiten; erwerben
parum	zu wenig
parvus 3	klein
pastor, -oris m.	Hirte
patefacio M, -feci, -factum	aufdecken
pater, patris m.	Vater
patior M, passus sum	ertragen, (zu)lassen
patria, -ae f.	Heimat
pauci, -ae, -a	wenige
paulatim	allmählich
paulo post	wenig später
paulum	ein wenig
pauper, -eris	arm
pax, pacis f.	Friede
pecunia, -ae f.	Geld
pedes, -itis m.	Fußsoldat
peior, peius	schlechter
pensum, -i n.	Aufgabe
per (+ Akk.)	durch
perago 3, -egi, -actum	durchführen
peregrinus, -i m.	Fremder
periculosus 3	gefährlich
periculum, -i n.	Gefahr
peritia, -ae f.	Erfahrung
peritus 3 (+ Gen.)	kundig
perpetuus 3	dauernd
persuadeo 2, -suasi, -suasum persuasum habere mihi persuasum est	überreden, -zeugen überzeugt sein ich bin überzeugt
pertineo 2, -ui	sich erstrecken
pervenio 4, -veni, -ventum	gelangen
pes, pedis m.	Fuß
peto 3, petivi, petitum peto a te	anstreben, angreifen ich bitte dich
philosophus, -i m.	Philosoph
pietas, -atis f.	Pflichtbewusstsein
piger, pigra, pigrum	faul
piscis, -is m.	Fisch
pius 3	fromm
placeo 2	gefallen
plebs, plebis f.	Volk
plenus 3	voll
plerumque	meistens
pluit	es regnet
plus	mehr
poena, -ae f.	Strafe
poeta, -ae m.	Dichter
polliceor 2, pollicitus sum	versprechen
Polyphemus, -i m.	Polyphem (ein Kyklop)
pono 3, posui, positum	setzen, legen
pons, pontis m.	Brücke
populus, -i m.	Volk
porta, -ae f.	Tor
porto 1	tragen
portus, -us m.	Hafen
posco 3, poposci	fordern
possideo 2, -sedi, -sessum	besitzen
possum, posse, potui	können
post (+ Akk.)	nach
post(ea) (Adv.)	später
posteri, -orum m.	Nachfahren
postquam (+ Perfekt)	nachdem
postulo 1	fordern
potestas, -atis f.	Macht

153

potio, -onis f.	Getränk	repello 3, -puli, -pulsum	zurückschlagen
potior 4, potitus sum (+ Abl.)	sich bemächtigen	reperio 4, repperi, -pertum	finden
praebeo 2	bieten	reprimo 3, -pressi, -ssum	zurückdrängen
praeceptum, -i n.	Vorschrift	res, rei f.	Sache
praeclarus 3	hochberühmt	res adversae f.	Unglück
praeda, -ae f.	Beute	res publica f.	Staat
praefero, -ferre, -tuli, -latum	vorziehen	res secundae f.	Glück
praemitto 3, -misi, -missum	vorausschicken	re vera	tatsächlich
praesens, -entis	anwesend	resisto 3, restiti	Widerstand leisten
praesidium, -i n.	Schutz	respondeo 2, -ndi, -sum	antworten
praesum, -esse, -fui	vorstehen, befehligen	responsum, -i n.	Antwort
praeter (+ Akk.)	außer	reus, -i m.	Angeklagter
preces, -um f.	Bitten	revenio 4, -veni, -ventum	zurückkehren
premo 3, pressi, pressum	bedrängen	revertor 3, -verti, -versum	zurückkehren
pretiosus 3	wertvoll	revoco 1	zurückrufen
pretium, -i n.	Preis, Wert	rex, regis m.	König
primum	zuerst	rideo 2, risi, risum	lachen
primus 3	erster	ripa, -ae f.	Ufer
princeps, -cipis m.	Kaiser	rogo 1	fragen; bitten
prior, prius	der frühere	Roma, -ae f.	Rom
priusquam	bevor	Romani, -orum m.	die Römer
privo 1 (+ Abl.)	berauben	Romanus 3	römisch
pro (+ Abl.)	für; gemäß	rosa, -ae f.	Rose
procul	fern	rumor, -oris m.	Gerücht
proelium, -i n.	Schlacht	rursus	wiederum
proficiscor 3, profectus sum	aufbrechen	rus, ruris n.	Land
prohibeo 2	hindern, abhalten	rusticus 3	ländlich
promitto 3, -misi, -missum	versprechen	Sabini, -orum m.	die Sabiner (Volk)
prope (+ Akk.)	nahe bei	sacer, sacra, sacrum	heilig
propero 1	eilen	sacerdos, -dotis m.	Priester
propinquus 3	benachbart	sacrificium, -i n.	Opfer
propter (+ Akk.)	wegen	sacrifico 1	opfern
proximus 3	nächster; letzter	saeculum, -i n.	Jahrhundert
prudentia, -ae f.	Klugheit	saepe	oft
publicus 3	öffentlich	saevio 4	wüten
puer, -eri m.	Knabe	saltem	wenigstens
pugna, -ae f.	Kampf	salus, -utis f.	Rettung; Heil
pugno 1	kämpfen	salve! / salvete!	sei(d) gegrüßt!, hallo!
pulcher, -chra, -chrum	schön	saluto 1	grüßen
pulchritudo, -inis f.	Schönheit	sano 1	heilen
pulso 1	klopfen	sapiens, -entis	klug
punio 4	bestrafen	sapientia, -ae f.	Klugheit
puppis, -is f.	Schiff	satis	genug
puppim solvere	absegeln	saxum, -i n.	Fels
puto 1	glauben	scelus, -eris n.	Verbrechen
qua de causa	weshalb	schola, -ae f.	Schule
quaero 3, sivi, -situm	suchen	scio 4, scivi, scitum	wissen
quaero ex te	ich frage dich	scribo 3, scripsi, scriptum	schreiben
qualis, -e	wie (beschaffen)?	scriptor, -oris m.	Schriftsteller
quam	wie; als	secedo 3, -cessi, -cessum	auswandern
quamquam	obwohl	secretus 3	geheim
quando	wann	secundus 3	der zweite
quantum	wie sehr, wie viel	sed	aber; sondern
quantus 3	wie groß?	sedeo 2, sedi, sessum	sitzen
quasi	gleichsam	semper	immer
queror 3, questus sum	klagen	senatorius 3	senatorisch
qui, quae, quod	welcher, der	senatus, -us m.	Senat
qui-, quae-, quodcumque	jeder, der	sententia, -ae f.	Meinung
quidam, quaedam, quoddam	ein gewisser; Pl.: einige	sentio 4, sensi, sensum	fühlen, merken
quidem	zwar, freilich	sequor 3, secutus sum (+ Akk.)	folgen
quies, quietis f.	Ruhe	serenus 3	heiter
quis, quid	wer?, was?	sermo, -onis m.	Rede, Gespräch
quisquam, quidquam	irgendwer, -etwas	serva, -ae f.	Sklavin
quo	wohin	servio 4	dienen
quo – eo	je – desto	servo 1	retten, schützen
quod	dass; weil	servus, -i m.	Sklave
quomodo	wie?	si	wenn
quondam	einst	sic	so
quoniam	weil	sicut	sowie
quoque	auch	silentium, -i n.	Schweigen, Ruhe
quot	wie viele?	silva, -ae f.	Wald
rapio M, rapui, raptum	rauben	similis, -e	ähnlich
raptus, -us m.	Raub	similitudo, -inis f.	Ähnlichkeit
raro (Adv.)	selten	simulacrum, -i n.	(Ab)Bild
ratio, -onis f.	Vernunft; Art	sine (+ Abl.)	ohne
rectus 3	richtig	singuli, -ae, -a	einzelne; je ein
reddo 3, -didi, -ditum	zurückgeben	situs 3	gelegen
redeo, redire, redii, reditum	zurückkehren	societas, -atis f.	Gemeinschaft
reduco 3, -duxi, -ductum	zurückführen	socius, -i m.	Gefährte
refero, -ferre, rettuli, relatum	berichten	sol, solis m.	Sonne
regina, -ae f.	Königin	soleo 2, solitus sum	gewohnt sein
regio, -onis f.	Gegend	solum	nur
regno 1	herrschen	solus 3	allein
regnum, -i n.	Königreich	solvo 3, solvi, solutum	lösen
rego 3, rexi, rectum	lenken, leiten	somnium, -i n.	Traum
relinquo 3, -liqui, -lictum	verlassen	soror, -oris f.	Schwester
remigro 1	zurückkehren	spatium, -i n.	(Zeit)Raum

spectaculum, -i n.	Schauspiel
spectator, -oris m.	Zuschauer
specto 1	anschauen
spelunca, -ae f.	Höhle
spero 1	hoffen
spes, spei f.	Hoffnung
sponte mea (tua/sua)	freiwillig
statim	sofort
statua, -ae f.	Statue
statuo 3, statui, statutum	festsetzen
sto 1, steti	stehen
studeo (+ Dativ)	streben
studium, -i n.	Eifer
stultus 3	dumm
sub (+ Akk./Abl.)	unter
subito	plötzlich
submarinus 3	Untersee-
sum, esse, fui	sein
summus 3	der höchste
superior, -ius	der frühere; letzter
supero 1	übertreffen
supra (+ Akk.)	oberhalb
supremus 3	letzter
surgo 3, surrexi, -rectum	sich erheben
sus, suis m./f.	Schwein, Sau
suscipio M, -cepi, -ceptum	auf sich nehmen
suus 3	sein; ihr
Syracusae, -arum f.	Syrakus (sizil. Stadt)
Syracusani, -orum m.	die Syrakusaner
tabula, -ae f.	Tafel
taceo 2	schweigen
tacitus 3	schweigend
talis, -e	so (beschaffen)
tam	so
tamen	dennoch
tandem	schließlich
tango 3, tetigi, tactum	berühren
tantum	nur
tego 3, texi, tectum	bedecken
televisio, -onis f.	Fernsehen
templum, -i n.	Tempel
tempto 1	versuchen
tempus, -oris n.	Zeit
teneo 2, tenui	halten
tener, -era, -erum	zärtlich
tergum, -i n.	Rücken
terminus, -i m.	Grenze
terra, -ae f.	Erde, Land
terreo 2	erschrecken
timeo 2	fürchten
timor, -oris m.	Furcht
tolero 1	ertragen
tollo 3, sustuli, sublatum	aufheben, beseitigen
tot	so viele
totus 3	ganz
tracto 1	behandeln
trado 3, tradidi, traditum	übergeben
traho 3, traxi, tractum	ziehen
tranquillo 1	beruhigen
transcendo 3, -cendi, -censum	überschreiten
transporto 1	hinüberführen
tremo 3, -ui	zittern
triplex, -plicis	dreifach
tristis, -e	traurig
triumphus, -i m.	Triumph(zug)
Troiani, -orum m.	die Trojaner
Troianus 3	trojanisch
tueor 2, tuitus sum	schützen
tum	da, damals
tum, cum	damals, als
turba, -ae f.	Schar
turbo 1	in Unruhe versetzen
turpitudo, -inis f.	Hässlichkeit
turris, -is f.	Turm
tutus 3	sicher
tuus 3	dein
tyrannus, -i m.	Tyrann
ubi	wo; sobald

ubique	überall
Ulixes, -is m.	Odysseus
ullus 3	irgendein
ultimus 3	letzter
umbra, -ae f.	Schatten
una cum	gemeinsam mit
unda, -ae f.	Welle
unde	woher
unus 3	ein, einzig
urbs, urbis f.	Stadt
urgeo 2, ursi, ursum	(be)drängen
usque ad (+ Akk.)	bis zu
usui esse	nützlich sein
ut (+ Indik.)	wie
ut (+ Konj.)	dass, damit. sodass
utcumque	wie auch immer
uter, utra, utrum	welcher
uterque, utraque, utrumque	jeder
utor 3, usus sum (+ Abl.)	benützen
utrum – an	(unübers.) – oder
uxor, -oris f.	Gattin
vado 3	gehen
valde	sehr
valeo 2	gesund sein
valetudo, -inis f.	Gesundheit; Krankheit
varius 3	verschieden
vasto 1	verwüsten
vehementer	heftig
vehiculum, -i n.	Fahrzeug
veho 3, vexi, vectum	führen
vel	oder
vel – vel	entweder – oder
venio 4, veni, ventum	kommen
ventus, -i m.	Wind
verbum, -i n.	Wort
vere	echt, wahrhaft
vereor 2, veritus sum	fürchten
versus, -us m.	Vers
verto 3, verti, versum	wenden
verus 3	wahr, echt
vescor 3 (+ Abl.)	essen
vesper, -eri m.	Abend
vester, -tra, -trum	euer
vestigium, -i n.	Spur
vestis, -is f.	Gewand
veto 1, vetui, vetitum (+ Akk.)	verbieten
vetus, -eris	alt
via, -ae f.	Weg
victor, -oris	siegreich; Sieger
victoria, -ae f.	Sieg
vicus, -i m.	Dorf
video 2, vidi, visum	sehen
videor 2	ich scheine
villa, -ae f.	Landhaus
vinco 3, vici, victum	(be)siegen
vinum, -i n.	Wein
violo 1	verletzen
vir, viri m.	Mann
virgo, -inis f.	Jungfrau
virtus, -utis f.	Tapferkeit, Tugend
vis, vim, vi; Pl.: vires, -ium f.	Kraft, Gewalt
visito 1	besuchen
vita, -ae f.	Leben
vitupero 1	tadeln
vivo 3, vixi	leben
vivus 3	lebendig
vix	kaum
vocabulum, -i n.	Vokabel
voco 1	rufen
volo 1	fliegen, eilen
volo, velle, volui	wollen
voluntas, -atis f.	Wille
vos	ihr
vox, vocis f.	Stimme
vulgus, -i n.	Volk
vulnus, -eris n.	Wunde
vulpes, -is f.	Fuchs

Die Durchstartübungen

DIE LEHRE Die Übungen beruhen auf der Kinesiologie, der Lehre von der Bewegung. Sie unterstützt alle deine Tätigkeiten – auch dein Lernen. Durch die Anwendung bestimmter Bewegungsmuster kannst du deine Möglichkeiten voll ausschöpfen.

DER AUTOR **Kim da Silva** lebt in Berlin und arbeitet als Kinesiologe. Er studierte Chemie, Physik, Botanik, Mikrobiologie und Lebensmittelchemie. Nach fünf Jahren als Assistent an der Freien Universität Berlin und sechsjähriger Forschungsarbeit in der chemischen Industrie arbeitete er viele Jahre in einem pharmazeutischen Weltkonzern.
In seiner Jugend reiste er viel und erwarb sich sein Wissen um die verschiedenen Philosophien und Heiltraditionen.
In den 70er Jahren lernte Kim da Silva die Kinesiologie kennen. Er war einer der Ersten, die bei Dr. Paul Dennison eine Ausbildung in Edu-Kinestetik erhielten. Heute zählt er zu den wenigen europäischen Ausbildern für Edu-K-Teacher.
Von Kim da Silva sind bereits einige Bücher erschienen.

DIE AUTORIN **Do-Ri Amtmann**, geboren 1958, vom Beruf Drogistin, lernt und lehrt seit 1985 mit Kim da Silva. Seit 1988 leitet sie ein Kinesiologie-Zentrum in Baden und die Edu-K-Teacher-Ausbildung für Österreich.

Kim da Silva & Do-Ri Amtmann freuen sich, wenn du ihnen von deinen Übungserfahrungen schreibst. Sie werden dir gerne antworten und auf Wunsch auch mehr Informationsmaterial über ihre Arbeit zusenden.
Schreibe an:

Kinesiologie-Zentrum
Do-Ri Amtmann
Lamprechtgasse 7
A-2500 Baden

Kim da Silva
Türkenstraße 15
D-13 349 Berlin 65

Mit Freude leichter lernen!

Durchstarten Englisch NEU
für die 5. Schulstufe: ISBN 978-3-7058-6456-6
für die 6. Schulstufe: ISBN 978-3-7058-6457-3
für die 7. Schulstufe: ISBN 978-3-7058-6836-6
für die 8. Schulstufe: ISBN 978-3-7058-6837-3

Durchstarten Englisch NEU. Dein Übungsbuch
für die 5. Schulstufe: ISBN 978-3-7058-6458-0
für die 6. Schulstufe: ISBN 978-3-7058-6459-7
für die 7. Schulstufe: ISBN 978-3-7058-6844-1
für die 8. Schulstufe: ISBN 978-3-7058-6845-8

Durchstarten Englisch Grammatik NEU
Erklärung und Training; 5.–9. Schulstufe:
ISBN 978-3-7058-7130-4

Durchstarten Englisch Grammatik NEU.
Übungsbuch
ISBN 978-3-7058-7409-1

Durchstarten Deutsch NEU
für die 5. Schulstufe: ISBN 978-3-7058-6451-1
für die 6. Schulstufe: ISBN 978-3-7058-6452-8
für die 7. Schulstufe: ISBN 978-3-7058-6834-2
für die 8. Schulstufe: ISBN 978-3-7058-6835-9

Durchstarten Deutsch NEU. Dein Übungsbuch
für die 5. Schulstufe: ISBN 978-3-7058-6454-2
für die 6. Schulstufe: ISBN 978-3-7058-6455-9
für die 7. Schulstufe: ISBN 978-3-7058-6841-0
für die 8. Schulstufe: ISBN 978-3-7058-6843-4

Durchstarten Mathematik NEU.
Dein Übungsbuch
für die 5. Schulstufe: ISBN 978-3-7058-6463-4
für die 6. Schulstufe: ISBN 978-3-7058-6462-7
für die 7. Schulstufe: ISBN 978-3-7058-6846-5
für die 8. Schulstufe: ISBN 978-3-7058-6847-2

Durchstarten Mathematik NEU
für die 5. Schulstufe: ISBN 978-3-7058-6460-3
für die 6. Schulstufe: ISBN 978-3-7058-6461-0
für die 7. Schulstufe: ISBN 978-3-7058-6838-0
für die 8. Schulstufe: ISBN 978-3-7058-6840-3

Bei Ihrem Buchhändler oder jetzt gleich bestellen:
Rufen Sie einfach an, schicken Sie ein Fax oder ein E-Mail!
Tel. 0043/(0)732/77 64 51/2280, Fax: 0043/(0)732/77 64 51/2239, E-Mail: kundenberatung@veritas.at

www.veritas.at

Versetzung gefährdet – was nun?
Rechtlicher Rahmen und Aufgaben der Eltern in Deutschland

Wenn die Versetzung eines Kindes gefährdet ist, sind auch seine Eltern gefordert. Auf jeden Fall ist es sinnvoll, dass Schule und Elternhaus dieses Problem gemeinsam erörtern, nach den Ursachen fragen und nach Abhilfe suchen. Sie als Eltern sollten nicht nur über den rechtlichen Rahmen zur Leistungsbeurteilung und Versetzung informiert sein; Sie sollten auch wissen, was Sie selbst unternehmen können, um das festgefahrene Schiff wieder in besseres Fahrwasser zu lenken.

Rechtlicher Rahmen

Auskunft über die jeweils gültigen Rechtsvorschriften zur Leistungsbeurteilung und Versetzung können Eltern in den Amtsblättern und dem Staatsanzeiger nachlesen, die bei jedem Schulleiter sowie dem Schulamt einzusehen sind.

Da für jedes Bundesland eigene Vorschriften existieren, möchte ich die Ausgestaltung des rechtlichen Rahmens am Beispiel des Hessischen Schulrechtes (Quelle: Dienst- und Schulrecht Hessen, GEW-Handbuch, völlig neubearbeitete Ausgabe, Stand März 1994) erörtern. Wird eine Leistung im Zeugnis mit schlechter als der Note „ausreichend" bewertet, so entscheidet die einfache Mehrheit der **Versetzungskonferenz** über die Versetzung oder Nichtversetzung der Schülerin oder des Schülers. Zur Teilnahme ist jeder Lehrer, der die Schülerin oder den Schüler im laufenden Schuljahr oder vor einem Lehrerwechsel unterrichtet hat und wer die Schülerin oder den Schüler vor einem Lehrerwechsel im laufenden Schuljahr zuletzt unterrichtet hat und noch der Schule angehört, verpflichtet (a.a.O., Abt. 5, § 12,2):

> „Die Versetzungsentscheidung wird aus **pädagogischer Verantwortung und frei von Schematismus getroffen**. Grundlage sind die Leistungen und die Entwicklung der Schülerin oder des Schülers während des ganzen Schuljahres (a.a.O.; Abt. 5, § 11,2)."

Verschlechtert sich die Schülerin oder der Schüler in einem Fach von einem auf das nächste Schulhalbjahr, so ist dies von der Fachlehrerin oder dem Fachlehrer in der Versetzungskonferenz zu begründen.

Verlauf und Ergebnisse der Versetzungskonferenz werden im **Protokoll** festgehalten, welches jederzeit von den Eltern eingesehen werden kann.

> „Eine Note schlechter als ausreichend in einem Fach oder Lernbereich kann nur durch die Note befriedigend oder besser in einem anderen Fach oder Lernbereich ausgeglichen werden (a.a.O., Abt. 5, Anlage 1; 11,2)."

Zusätzlich gilt für Schülerinnen und Schüler an Gymnasien und Realschulen: Schlechter als mit der Note „ausreichend" beurteilte Leistungen in einem der Fächer Deutsch, erste Fremdsprache (für Gymnasiasten auch die zweite Fremdsprache) und Mathematik hindern eine Versetzung dann nicht, wenn die Schülerin oder der Schüler **besondere Fähigkeiten und starken Arbeitswillen** in einem anderen dieser o.g. Fächer oder in mehreren anderen Unterrichtsfächern erkennen lässt. Dies könnte unter Umständen durch die Note „befriedigend" gegeben sein.

Mehr als zwei mit schlechter als der Note „ausreichend" beurteilte Leistungen in den Fächern Deutsch, erste Fremdsprache (für Gymnasiasten auch die zweite Fremdsprache) und Mathematik können in der Regel nicht ausgeglichen werden (a.a.O., Abt. 5, Anlage 1). In den Jahrgangsstufen 7 bis 10 ist eine **nachträgliche Versetzung** möglich:

*„Wird eine Schülerin oder ein Schüler auf Grund schlechter als ausreichend bewerteter Leistungen im Zeugnis in zwei Fächern oder Lernbereichen nicht versetzt, so kann die Versetzungskonferenz die Schülerin oder den Schüler zu einer **Nachprüfung** in einem der zwei Fächer oder Lernbereiche innerhalb der ersten sechs Unterrichtstage des neuen Schuljahres dann zulassen, wenn bei schlechter als ausreichend bewerteter Leistungen in nur einem Fach oder Lernbereich die Versetzung möglich gewesen wäre (a.a.O., Abt. 5, § 16,3)."*

Aufgaben der Eltern

Einfühlungsvermögen und Kommunikationbereitschaft sind grundlegende Eigenschaften von Eltern, die bereit sind, sich frühzeitig mit schulischen Misserfolgen ihres Kindes auseinanderzusetzen.
Eltern mit solchen Grundeinstellungen sind eher in der Lage, Warnsignale rechtzeitig zu erkennen, um ihrem Kind in schwierigen Schulsituationen rechtzeitig zu helfen.

Ist die „Fünf" in der Klassenarbeit ein Ausrutscher oder schon ein Warnzeichen?

Suchen Sie dazu das **sachliche Gespräch mit Ihrem Kind**, um gemeinsam über Gründe des Misserfolges nachzudenken und nach Lösungen zu suchen!
Darüber hinaus kann ein **Gespräch mit der unterrichtenden Lehrerin oder dem unterrichtenden Lehrer** zu wichtigen Erkenntnissen führen. Die Sprechstunden der Lehrerinnen und Lehrer während des Schuljahres werden kaum wahrgenommen. Das Gespräch wird meistens dann gesucht, wenn es bereits „zu spät" ist.

Bei **anhaltenden Misserfolgen** müssen sich die Eltern fragen:

Ist mein Kind in dieser Klasse mit dem jetzigen Lernstoff überfordert?

Langfristige Überforderungen führen in der Regel zu psychischen Verletzungen des Kindes; ständige Misserfolge kratzen am Selbstwertgefühl und wirken demotivierend. Die Familienatmosphäre ist zumeist auch in Mitleidenschaft gezogen.
Dabei sollte es das Ziel der Eltern sein, ihrem Kind aus der Zone der Misserfolge herauszuhelfen, damit es bei Erfolgen wieder Lob und Anerkennung erfahren kann.
Dazu könnte unter Umständen die **Änderung des Schul- und Ausbildungsweges** erforderlich sein. Vielleicht nimmt aber schon ein **rechtzeitiges Zurückgehen** Ihres Kindes in die vorhergehende Jahrgangsstufe den störenden psychischen Druck.

Sollte eine schlechte Note auf kurz- bzw. mittelfristig zu schließende Lücken oder Defizite im lernmethodischen Bereich zurückzuführen sein, können – bei Bereitschaft des Kindes – **außerschulische Förderungsmaßnahmen** (z. B. Lernhilfen, Nachhilfe, Kurse „Das Lernen lernen") sinnvoll bzw. erfolgreich eingesetzt werden.

Hedi Jantsch
Vorsitzende des Schulelternbeirates
am Friedrichsgymnasium Kassel

„Nicht genügend"!
Was können Eltern dagegen tun?
Pädagogische Aspekte und rechtliche Situation in Österreich

Der pädagogische Beurteilungsspielraum

Die Bestimmungen des Schulunterrichtsgesetzes über die Leistungsbeurteilung an den Schulen zielen einmal darauf ab, ein höchstmögliches Ausmaß an Objektivität zu gewährleisten, sind doch oft sehr wesentliche Berechtigungen an das Bestehen oder Nichtbestehen einer Prüfung geknüpft. Andererseits wird auch der Umstand berücksichtigt, dass eine Leistungsbeurteilung in der Schule immer auch eine pädagogische Maßnahme ist. Es würde sich eher ungünstig auf die Motivation der Kinder auswirken, wenn der nachlässige Schüler auf Grund seiner Begabung leicht zu guten Beurteilungen kommen würde, der strebsame Jugendliche aber immer nur eine unerfreuliche Beurteilung erhalten könnte. Jeder würde im Laufe der Zeit seine Bemühungen einstellen, wenn er sähe, dass er das gewünschte Ziel niemals erreichen kann. Oder umgekehrt, warum sollte sich ein begabtes Kind anstrengen, wenn es auch ohne jede Mühe Anerkennung fände. Das Schulunterrichtsgesetz hat daher dem Lehrer in einigen Bereichen einen „pädagogischen Beurteilungsspielraum" eingeräumt.

Ein Lehrer wird diesen vor allem dadurch nützen, dass er die Mitarbeit des Schülers im Unterricht, seine Bemühungen bei der Anfertigung der Hausaufgaben – so wie es im § 3 der Verordnung über die Leistungsbeurteilung festgelegt ist – gleichwertig in die Gesamtbeurteilung einbezieht. Hier hat der Lehrer die Chance, ausgleichend, motivierend, ermutigend die Leistungsbeurteilung mit seinem pädagogischen Auftrag zu verbinden. Es wäre pädagogisch unklug und widerspräche den Bestimmungen des Schulunterrichtsgesetzes, wenn nur die Schularbeiten zur Leistungsbeurteilung herangezogen würden.

Die Informationspflicht des Lehrers

In engem Zusammenhang mit diesen Bestimmungen ist die vorgeschriebene Transparenz zu sehen. Eine pädagogische Maßnahme kann nur dann eine günstige Auswirkung haben, wenn der Schüler Informationen darüber erhält, inwieweit es ihm gelungen ist, Leistungen nachzuweisen, etwa bei der Wiederholung oder Erarbeitung neuer Lehrstoffe. Positive Rückmeldungen in diesem Bereich werden auch den schwachen Schüler veranlassen, sich lebhaft am Unterricht zu beteiligen, was sich im Allgemeinen längerfristig auch positiv auf die Ergebnisse der Schularbeiten auswirken wird.

Der Lehrer ist verpflichtet, Aufzeichnungen im erforderlichen Ausmaß anzufertigen, Schüler und Eltern haben ein Recht auf Transparenz.

Was darf geprüft werden?

Grundsätzlich darf nur das geprüft werden, was im Lehrplan steht (Schulbücher gehen oft weit über die Anforderungen des Lehrplans hinaus!) und was bis zum Prüfungszeitpunkt durchgenommen wurde.

Die Benotung

Bei der Festsetzung einer Note für ein gesamtes Schuljahr hat der Lehrer alle im Laufe des Jahres erbrachten mündlichen wie schriftlichen Leistungen (nicht Leistungsbeurteilungen) zu berücksichtigen. Die vielgeübte Praxis, einfach eine Durchschnittsnote zu bilden, entspricht nicht den Bestimmungen des Schulunterrichtsgesetzes, schon gar nicht, wenn dazu nur die Ergebnisse der Schularbeiten herangezogen werden. Es geht vielmehr darum, am Ende des Schuljahres zu beurteilen, ob der Schüler durch seine Leistungen gezeigt hat, dass er das, was im Unterricht durchgenommen wurde (und was auch im Lehrplan vorgesehen ist), wenigstens überwiegend kann. Wie und bei welcher Gelegenheit, ob im Rahmen der mündlichen Mitarbeit, etwa bei der Lösung einer Aufgabe an der Tafel oder bei einer

Schularbeit oder bei einer mündlichen Prüfung, Leistungen nachgewiesen wurden, ist dabei unerheblich. Alle erbrachten Leistungen müssen gleichwertig herangezogen werden.

Ein Lehrer wird eine Leistung mit **„Gut"** oder **„Sehr gut"** beurteilen, wenn ein Schüler über das Wesentliche hinaus oder weit über das Wesentliche hinaus Leistungen erbringt.

Ein Lehrer wird eine Leistung mit **„Befriedigend"** beurteilen, wenn der Schüler den Anforderungen in den „wesentlichen Bereichen" entsprochen hat. Ein **„Genügend"** signalisiert hingegen, dass der Schüler in den „wesentlichen Bereichen" Lücken hat. Er hat den Anforderungen nur überwiegend entsprochen. Gerade in den sogenannten aufbauenden Gegenständen, in denen der neue Lehrstoff auf Vorkenntnissen aufbaut, kann das fatale Folgen haben. Hat zum Beispiel das Kind in der Unterstufe des Gymnasiums in Mathematik nur lückenhafte Kenntnisse erworben, sind Schwierigkeiten in der Oberstufe fast vorprogrammiert. Ein „Genügend" genügt also nicht immer! Der Lehrer wird Auskunft darüber erteilen, wo diese Lücken sind und wie man sie möglichst schnell schließen kann.

Ein **„Nicht genügend"** erhält ein Schüler dann, wenn es ihm nicht gelungen ist, den Anforderungen in den „wesentlichen Bereichen" wenigstens überwiegend zu entsprechen. Was sind nun die sogenannten „wesentlichen Bereiche"? Das Bundesministerium für Unterricht und Kunst vertritt hier die Meinung, dass ein Lehrer dies im Laufe des Unterrichtsjahres selbst zu definieren hat. Es ist jedenfalls nicht zulässig und widerspräche dem Grundsatz der Transparenz, erst nach einer Prüfung zu sagen, was wesentlich und was unwesentlich gewesen wäre. Gegen ein „Nicht genügend" bei einer Schularbeit oder bei einer Prüfung können Eltern keine Berufung einlegen, auch wenn diese Note als ungerecht empfunden wird. Ein Schüler, der sich über eine verpatzte Schularbeit ärgert, hat jedenfalls das Recht, sich einmal im Semester in jedem Gegenstand zu einer mündlichen Prüfung zu melden.

Meinem Kind droht ein „Nicht genügend".
Was soll ich tun?

Für Eltern ist es wichtig zu analysieren, worauf ein so umfangreiches Versagen des Kindes zurückzuführen ist. Hat nur das eigene Kind versagt oder der größte Teil der Klasse? Hat das Kind sich mit dem nötigen Fleiß vorbereitet oder nicht? Haben vorübergehende physische oder psychische Probleme zu einem eher einmaligen Versagen geführt? Zu einer objektiven Klärung der Ursachen führt in erster Linie ein Gespräch mit dem zuständigen Lehrer, auch ein Kontakt mit anderen Eltern der Klasse kann hilfreich sein. Führt dies nicht zu einer befriedigenden Antwort, kann die kostenlose Hilfe des schulpsychologischen Dienstes in Anspruch genommen werden. Durch entsprechende Tests kann der Schulpsychologe herausfinden, ob das Kind in einer seiner Begabung entsprechenden Schule ist, oder ob ein Schulwechsel auf Grund der Begabungsrichtung für das Kind nicht besser wäre.

Eltern mögen bedenken, dass sich hinter einem sogenannten „faulen Kind" nur allzu oft ein Schüler verbirgt, der den Anforderungen nicht genügen kann oder dies jedenfalls von sich selbst glaubt. Es ist oft weniger diskriminierend, faul als dumm zu sein. Eine rasche Klärung und eine vernünftige Reaktion der Eltern werden dem Schüler helfen, ein gesundes Selbstwertgefühl aufzubauen. Schulische Erfolge werden sich so viel leichter einstellen.

Kein Kind mit einem „Nicht genügend" fühlt sich besonders wohl. Auch ein Schüler, der seine Pflichten versäumt hat, benötigt Hilfe und Informationen, wie die Lücken geschlossen werden können, Hilfe bei der Zeitplanung und bei der Beschaffung von Lernunterlagen, mit denen das Kind selbstständig arbeiten kann. Lob und Anerkennung für die ersten kleinen Erfolge helfen dem Kind mehr als Vorhaltungen. Ein Nachhilfelehrer sollte nicht gleich bestellt werden, kurzfristige Erfolge könnten längerfristig dazu führen, dass sich ein Kind an Hilfe gewöhnt und womöglich zu dem Ergebnis kommt, dass es alleine zu guten Leistungen nicht fähig ist.

Sollten alle Schüler einer Klasse mehr oder weniger nur genügende oder nicht genügende Leistungen erbringen, und sollte dies wiederholt geschehen, ist der zuständige Elternvertreter aufgerufen, mit dem Lehrer und – wenn dies nichts fruchtet – auch mit der Schulaufsicht Kontakt aufzunehmen. Einerseits kann auf Dauer nicht hingenommen werden, dass den Schülern nur lückenhafte Kenntnisse vermittelt werden können, andererseits sind negative Auswirkungen auf die Motivation zu befürchten. Die Schüler könnten „lernen", dass alle Anstrengungen doch nur zu einer schlechten Beurteilung führen, und in ihrem Fleiß nachlassen.

Was soll mein Kind tun?

Meldet sich ein Schüler bei einem drohenden „Nicht genügend" zu einer mündlichen Prüfung, wird ihm der Lehrer die Gelegenheit einräumen, Leistungen in den „wesentlichen Bereichen" nachzuweisen, wo dies dem Schüler bislang nicht möglich war. Eine umgekehrte Vorgangsweise wäre schikanös und anfechtbar. Wenn es dem Schüler gelingt, zu den bisher erbrachten Leistungen, die für ein „Genügend" noch nicht ausreichten, zusätzliche Leistungen nachzuweisen, wodurch die Anforderungen in den „wesentlichen Bereichen" nunmehr überwiegend erfüllt werden, so ist ein „Genügend" zu erteilen.

Bei allzu großen Lücken, die im Laufe eines ganzen Jahres entstanden sind, wird es aber eher aussichtlos sein, im Rahmen einer einzigen mündlichen Prüfung, deren Dauer auf 10 bzw. 15 Minuten begrenzt ist, nachzuweisen, dass alle Lernrückstände aufgeholt wurden. Schüler neigen dazu, allzu große Hoffnungen auf diese letzte Prüfung zu setzen. Nur bei einem geringen Rückstand besteht die Möglichkeit einer Notenkorrektur.

„Nicht genügend". Kann mein Kind trotzdem aufsteigen?

Grundsätzlich sind Schüler mit einem „Nicht genügend" nicht zu einem Aufsteigen in die nächste Klasse berechtigt. Ganz im Sinne seiner pädagogischen Ausrichtung sieht das Schulunterrichtsgesetz jedoch eine wichtige Ausnahme vor.

Hat der Schüler nicht bereits im vorigen Jahr im gleichen Gegenstand ein „Nicht genügend", und ist dieses Fach weiter im Lehrplan vorgesehen, kann die Klassenkonferenz, in der alle Lehrer vertreten sind, die in der Klasse unterrichten, beschließen, den Schüler aufsteigen zu lassen. Voraussetzung für eine positive Entscheidung ist, dass die Leistungen in allen anderen Fächern so gut sind, dass der Schüler aller Voraussicht nach im kommenden Jahr erfolgreich am Unterricht teilnehmen kann.

Der Gesetzgeber geht hier davon aus, dass die Leistungsreserven eines Schülers begrenzt sind. Die Lehrer einer Klasse müssen gemeinsam eine Prognose darüber abgeben, ob ein Schüler die Lücken in einem mit „Nicht genügend" beurteilten Gegenstand bei fortschreitendem Unterricht im folgenden Schuljahr angesichts der Situation in den anderen Fächern wird aufholen können:

Wie viele mit „Genügend" beurteilte Gegenstände enthält das Jahreszeugnis?

Hat ein solches „Genügend" eher eine Tendenz zum „Nicht genügend" oder zum „Befriedigend"?

Reichen die Kenntnisse in einem mit „Genügend" beurteilten Fach aus, oder müssen auch hier erst Lücken geschlossen werden, um dem Unterricht im kommenden Schuljahr folgen zu können. (Ein schwaches „Genügend" steht einem Aufsteigen in die nächste Klasse dann nicht entgegen, wenn zum Beispiel in Geographie Kenntnisse in Gesteinskunde fehlen, im nächsten Jahr aber die Wirtschaftsräume auf dem Programm stehen.)

Hat ein ansonsten zufriedenstellend arbeitender Jugendlicher aus besonderen Gründen (zum Beispiel Scheidung der Eltern, schwere Erkrankung) nur vorübergehend nachgelassen und steht zu erwarten, dass er leistungsstark genug ist, die Defizite aufzuholen?

Die Lehrer werden auf Grund ihrer Erfahrung und ihres Sachverstandes zu einer vertretbaren, sinnvollen Lösung kommen.

Die Berufung

Eltern können gegen die fehlende Berechtigung zum Aufsteigen in die nächste Klasse berufen und dabei das „Nicht genügend" und die Entscheidung der Klassenkonferenz anfechten. Aussichten für eine erfolgreiche Berufung sind dann gegeben, wenn Eltern bei einem „Nicht genügend" darlegen können, dass sachfremde Gründe, etwa disziplinäre Schwierigkeiten, bei der Beurteilung eine Rolle gespielt haben, die geforderten Kenntnisse aber sehr wohl vorhanden sind. Es ist sicher nicht einzusehen, dass in einem solchen Fall ein Kind nur wegen seines unangenehmen Verhaltens ein ganzes Jahr wiederholen soll. Manchmal können auch reine Formfehler eines Lehrers dazu führen, dass ein „Nicht genügend" aufgehoben wird. Lehrer sind keine Juristen und sollten es wohl auch nicht sein. Ein so erfochtener Erfolg ist in der Regel kein Erfolg für das Kind. Die Lernrückstände des Kindes werden so nicht geschlossen, und ein vertrauensvolles Klima der Zusammenarbeit zwischen Eltern, Lehrern und dem Schüler könnte nachhaltig gestört werden.

Gegen den Beschluss der Klassenkonferenz könnte erfolgreich eingewandt werden:

– dass außergewöhnliche Belastungen des Kindes nicht berücksichtigt wurden, besonders, wenn gegen Ende des Schuljahres wieder eine steigende Tendenz erkennbar war;

– dass die fehlenden Kenntnisse in einem mit „Genügend" beurteilten Fach im folgenden Jahr keine Rolle mehr spielen oder nicht grundlegend für das Verständnis des Lehrstoffes im kommenden Schuljahr sein werden. Nicht erfolgreich sind meistens Berufungen, die sich auf einen Notenvergleich mit anderen Schülern beziehen.

Berufungen sind formlos. Ein einfacher Brief an die Schule genügt, in dem zum Ausdruck gebracht wird, dass man gegen die Nichtberechtigung zum Aufsteigen in die nächste Klasse beruft und das „Nicht genügend" und (oder) den Beschluss der Klassenkonferenz nicht für gerechtfertigt hält. Die Chancen steigen mit einer möglichst sachlichen Begründung. Die Schule leitet die Berufung an den Landesschulrat weiter. Dieser kann entweder auf Grund der vorgelegten Unterlagen entscheiden oder, wenn diese nicht ausreichen, kurzfristig eine kommissionelle Prüfung unter dem Vorsitz eines Schulaufsichtsbeamten durchführen. Der gesamte Jahresstoff kann Gegenstand einer solchen Prüfung sein. An dieser Stelle sei noch einmal darauf hingewiesen, dass das wichtigste Kriterium für eine Berufung die abgesicherte Überzeugung der Eltern sein sollte, dass das Kind über die erforderlichen Kenntnisse verfügt.

Gegen die Entscheidung des Landesschulrates ist eine Berufung beim Bundesministerium für Unterricht und kulturelle Angelegenheiten möglich. Es kann sinnvoll sein, wenn eine auch räumlich weiter entfernte Behörde die Angelegenheit noch einmal prüft. Immerhin werden im Schnitt ca. 25% der dort eingelangten Berufungen positiv entschieden.

Ingrid Buschmann
Pressesprecherin des Bundesverbandes der Elternvereinigungen
an Höheren und Mittleren Schulen Österreichs

DURCHSTARTEN
ZU GUTEN NOTEN!

http://eltern.veritas.at – Neues Online-Service für Eltern

Auf der neu geschaffenen Internet-Site des **VERITAS-Schulbuchverlages** unter http://eltern.veritas.at finden Eltern von schulpflichtigen Kindern:

- alle Infos zur erfolgreichen **neuen Lernhilfen-Reihe „Durchstarten"** für die Fächer Deutsch, Mathematik und Englisch

- Info- und Bestellmöglichkeit zu allen passenden **Lernhilfen** und **Lernsoftware-Programmen** (nach Österreichischem Lehrplan)

- alle **Buchhandlungen**, die Durchstarten-Lernhilfen führen

- einen interaktiven **Lerntypentest** mit vielen Lerntipps

- **Probeschularbeiten, Zeit- und Lernplaner** zum Downloaden

- einen **Gratis-Eltern-Infocheck** (inkl. Gewinnspiel), mit dem man sich ab sofort und regelmäßig **über neue Lernhilfen informieren lassen** bzw. **zum E-Mail-Newsletter anmelden** kann!

Einfach ELTERN-Infocheck vollständig ausfüllen, abtrennen und an die angegebene Adresse schicken. Oder Sie registrieren sich im Internet unter http://eltern.veritas.at ! Sie können auch gerne ein Fax an 0043 (0)732-77 64 51-2239 schicken!

✂ hier abtrennen

DVR.Nr.: 0658758

Eltern-Infocheck
GRATIS!

Vorname (Eltern) _____

Nachname (Eltern) _____

Straße _____

PLZ/Ort _____

E-Mail _____

❏ Ja, informieren Sie mich regelmäßig über Lernhilfen und Lernmedien ❏ per Post ❏ per E-Mail

Porto

VER◊ITAS

Verlags- und Handels-
ges.m.b.H. & Co. OHG
Hafenstraße 1-3
Pf 50
A-4010 Linz

Unter allen Einsendungen werden während des gesamten Schuljahres wöchentlich tolle Preise verlost! Der Rechtsweg ist ausgeschlossen. Preise können nicht in bar abgelöst werden. Mitarbeiterinnen und Mitarbeiter von VERITAS sind nicht teilnahmeberechtigt!

DAS ERFOLGREICHE DURCHSTARTEN-LERNKONZEPT FÜR BESSERE NOTEN IM ÜBERBLICK:

DURCHSTARTEN – die LERNTRAINER
- Erklärungen – so ausführlich, wie möglich
- Übungen mit Musteraufgaben
- Abschlussübungen am Kapitelende inkl. Rückmeldung zum Lernfortschritt

DURCHSTARTEN – die LERNPSYCHOLOGEN
- Lerntypentest und lerntypengerechtes Üben
- Lerntipps zu Arbeitsplatz, Zeitmanagement, Konzentration, Entspannung, Prüfungen, Schularbeiten
- Lernportionierung – Pausensymbole teilen die Übungszeit sinnvoll ein

DURCHSTARTEN – die SCHULRECHTSBERATER
- Infos für Eltern und SchülerInnen aus dem Schulrecht zu Benotung, Prüfungen, Schularbeiten, Frühwarnsystem, Aufsteigen mit einem „Nicht genügend", Berufung, Wiederholungsprüfung

DURCHSTARTEN – die PRÜFER
- Probeschularbeiten mit Auswertung

DURCHSTARTEN – die SPASSMACHER
- Unterhaltung mit den Comics und Geschichten zu Enzo und Emmy, deren Nachhilfelehrerin Miss Mini und Ex-Direktor Fies
- Vierfarbigkeit und tolle Optik

DURCHSTARTEN – die AUFLÖSER
- Lösungsheft – beigelegt

DURCHSTARTEN – die ONLINE-TRAINER
unter www.durchstarten.at
- Durchst@rten-Online-Service mit vielen zusätzlich Angeboten wie dem Durchstarten Zeit- und Lernpl

DURCHSTARTEN – der Vorbereiter auf die Bildungsstandards

DURCHSTARTEN hat einen Partner:
- DURCHSTARTEN – DEIN ÜBUNGSBUCH mit mehr 3000 Übungen pro Band

hier abtrennen

Eltern-Infocheck **GRATIS!**

Bitte ankreuzen: Mein Kind besucht derzeit die
☐ 1. Klasse ☐ 2. Klasse ☐ 3. Klasse ☐ 4. Klasse

☐ Hauptschule

☐ AHS-Unterstufe

☐ Polytechnische Schule

☐ Sonstige ....

Ich bin damit einverstanden, dass meine Daten elektronisch gespeichert werden und für Marketingzwecke von VERITAS bzw. den kooperierenden Buchhandlungen verwendet werden.

Datum/Unterschrift

Mit Freude leichter lernen!

Durchstarten in Latein
für das 1. Lernjahr: ISBN 978-3-7058-5155-9
für das 2. Lernjahr: ISBN 978-3-7058-5297-6

Übersetzungstraining für Cäsar, Cicero & Co
ISBN 978-3-7058-5333-1

Übersetzungstraining für Ovid, Vergil & Co
ISBN 978-3-7058-5976-0

Durchstarten mit Nuntii Latini 2
ISBN 978-3-7058-6570-9

Durchstarten in Latein-Grammatik
für alle Lernjahre: ISBN 978-3-7058-5575-5

Durchstarten in Italienisch
für das 1. Lernjahr: ISBN 978-3-7058-5421-5
für das 2. Lernjahr: ISBN 978-3-7058-5578-6
für das 3. Lernjahr: ISBN 978-3-7058-6142-3

Durchstarten in Italienisch-Grammatik
für alle Lernjahre: ISBN 978-3-7058-6327-9

Durchstarten in Französisch
für das 1. Lernjahr: ISBN 978-3-7058-5167-2

für das 2. Lernjahr
Teil A: Adjektiv, Adverb und
Hervorhebung von Satzteilen
ISBN 978-3-7058-5168-9

Teil B: Verb, Bindungsgefüge und indirekte Rede
ISBN 978-3-7058-5169-6

3. Lernjahr: ISBN 978-3-7058-5148-1

4. Lernjahr: ISBN 978-3-7058-5296-9

Durchstarten in Französisch-Grammatik
für alle Lernjahre: ISBN 978-3-7058-6003-2

Durchstarten in Spanisch
für das 2. Lernjahr: ISBN 978-3-7058-6833-5

Durchstarten in Spanisch Grammatik
für alle Lernjahre: ISBN 978-3-7058-7131-1

Durchstarten in Spanisch Grammatik Übungsbuch
für alle Lernjahre: ISBN 978-3-7058-7415-2

Bei Ihrem Buchhändler oder jetzt gleich bestellen:
Rufen Sie einfach an, schicken Sie ein Fax oder ein E-Mail!
Tel. 0043/(0)732/77 64 51/2280, Fax: 0043/(0)732/77 64 51/2239, E-Mail: kundenberatung@veritas.at

VER‹I›TAS
www.veritas.at

STICHWORTVERZEICHNIS

Ablativus absolutus 45 ff., 113
   Sonderformen 51
ACI 38 ff., 63
Consecutio temporum 76 ff.
cum-Sätze 86 ff., 113
Deponentia 8 ff., 26
Fragewörter 117 f.
Gerundium 54 ff.
Gerundivum:
   attributives G. 57 ff.
   prädikatives G. 62 ff.
Geschlechtsregeln 110
indirekte Fragesätze 94 ff.
indirekte Rede 104 ff.
indirektes Reflexivum 41, 84, 104
Infinitive (Überblick) 109
Kasuslehre (Überblick) 114
Kleine Wörter 115 ff.

Kondizionalsätze 99 ff.
Konjunktionen 115 f.
Konjunktiv:
   Bildung 20 ff.
   Konjunktiv im Gliedsatz 76 ff.
   Konjunktiv im Hauptsatz 71 ff.
   Konjunktiv im Deutschen 105
   Übersetzung 78 f., 111 f.
konjunktivische Relativsätze 92 ff.
ne 80, 82, 112
Participium Coniunctum 113
Partizipia (Überblick) 109
Pronomina 119
si-Sätze siehe Kondizionalsätze
Subjektsakkusativ 39
ut-Sätze 80 ff., 112
Zeitverhältnis 33 ff., 77, 95